Bücherei des Marxismus-Leninismus

Karl Marx

—

Der achtzehnte Brumaire des Louis Bonaparte

Dietz Verlag Berlin
1988

Der Ausgabe liegen folgende Editionsprinzipien zugrunde: Rechtschreibung und Zeichensetzung sind, soweit vertretbar, modernisiert. Der Lautstand und die Silbenzahl der Wörter wurden nicht verändert. Allgemein gültige Abkürzungen wurden beibehalten. Alle in eckigen Klammern stehenden Wörter stammen von der Redaktion. Offensichtliche Druck- und Schreibfehler wurden stillschweigend korrigiert.

Fußnoten von Marx sind durch hochgestellte Ziffern mit Stern, Fußnoten der Redaktion durch hochgestellte Ziffern gekennzeichnet. Auf Anmerkungen der Redaktion wird durch hochstehende Ziffern in eckigen Klammern verwiesen.

Für Hinweise auf Karl Marx/Friedrich Engels: Werke, Berlin 1956ff., wird das Sigle MEW verwendet.

Der Verlag

Marx, Karl: Der achtzehnte Bumaire des Louis Bonaparte / Karl Marx. – 9. Aufl. – Berlin : Dietz Verl.,
1988. – 180 S. : 2 Abb.
(Bücherei des Marxismus-Leninismus)

ISBN 3-320-01033-6

Mit 2 Abbildungen
9. Auflage 1988
©Dietz Verlag Berlin 1947, 1965, 1982
Lizenznummer 1
LSV 0026
Typographie: Horst Kinkel
Reihenentwurf: Gerhard Schmidt
Umschlag: Petra Roede
(unter Verwendung einer zeitgenössischen Illustration)
Printed in the German Democratic Republic
Fotosatz: Druckerei Neues Deutschland Berlin
Druck und Bindearbeit:
LVZ-Druckerei »Hermann Duncker«, Leipzig
Best.-Nr. 737 649 4

Vorworte

1. Karl Marx: Vorwort [zur zweiten Ausgabe].
   Geschrieben bis 23. Juni 1869.
   Erstmalig veröffentlicht in: Karl Marx: Der Achtzehnte Brumaire des Louis Bonaparte. Zweite Ausgabe. Hamburg 1869, S. III–VI.
   Nach: MEW, Bd. 16, S. 358–360.
   Dem Text liegt die Erstveröffentlichung zugrunde.

2. Friedrich Engels: Vorrede zur dritten Auflage.
   Geschrieben wahrscheinlich Juni 1885.
   Erstmalig veröffentlicht in: Karl Marx: Der achtzehnte Brumaire des Louis Bonaparte. Dritte Auflage. Hamburg 1885, S. III–IV.
   Nach: MEW, Bd. 21, S. 248/249.
   Dem Text liegt die Erstveröffentlichung zugrunde.

Die Revolution,

Eine Zeitschrift in zwanglosen Heften.

Herausgegeben von

J. Weydemeyer.

Erstes Heft.

Der 18te Brumaire des Louis Napoleon

von

Karl Marx.

New-York.
Expedition: Deutsche Vereins-Buchhandlung von Schmidt und Helmich.
William-Street Nr. 191.
1852.

Titelblatt der Zeitschrift »Die Revolution«

1
Karl Marx

Vorwort [zur zweiten Ausgabe][1]

Mein zu früh verstorbener Freund *Joseph Weydemeyer*[1*] beabsichtigte, vom 1. Januar 1852 an eine politische Wochenschrift in New York herauszugeben. Er forderte mich auf, für dieselbe die Geschichte des coup d'état[2] zu liefern. Ich schrieb ihm daher wöchentlich bis Mitte Februar Artikel unter dem Titel: »Der achtzehnte Brumaire des Louis Bonaparte«. Unterdes war Weydemeyers ursprünglicher Plan gescheitert. Dagegen veröffentlichte er im Frühling 1852 eine Monatsschrift: *»Die Revolution«*, deren erstes Heft aus meinem »Achtzehnten Brumaire« besteht. Einige hundert Exemplare davon fanden damals den Weg nach Deutschland, ohne jedoch in den eigentlichen Buchhandel zu kommen. Ein äußerst radikal tuender deutscher Buchhändler, dem ich den Vertrieb anbot, antwortete mit wahrhaft sittlichem Entsetzen über solch »zeitwidrige Zumutung«.

Man ersieht aus diesen Angaben, daß die vorliegende Schrift unter dem unmittelbaren Druck der Ereignisse entstand und ihr historisches Material nicht über den Monat Februar (1852) hinausreicht. Ihre jetzige Wiederveröffentlichung ist teils buchhändlerischer Nachfrage, teils dem Andringen meiner Freunde in Deutschland geschuldet.

Von den Schriften, welche ungefähr *gleichzeitig* mit der meinigen denselben Gegenstand behandelten, sind nur zwei bemerkenswert: *Victor Hugos »Napoléon le petit«* und *Proudhons »Coup d'état«*[3].

Victor Hugo beschränkt sich auf bittere und geistreiche

[1*] Während des Amerikanischen Bürgerkriegs Militärkommandant des Distrikts von St. Louis.

Invektive gegen den verantwortlichen Herausgeber des Staatsstreichs. Das Ereignis selbst erscheint bei ihm wie ein Blitz aus heiterer Luft. Er sieht darin nur die Gewalttat eines einzelnen Individuums. Er merkt nicht, daß er dies Individuum groß statt klein macht, indem er ihm eine persönliche Gewalt der Initiative zuschreibt, wie sie beispiellos in der Weltgeschichte dastehen würde. Proudhon seinerseits sucht den Staatsstreich als Resultat einer vorhergegangenen geschichtlichen Entwicklung darzustellen. Unter der Hand verwandelt sich ihm jedoch die geschichtliche Konstruktion des Staatsstreichs in eine geschichtliche Apologie des Staatsstreichshelden. Er verfällt so in den Fehler unserer sogenannten *objektiven* Geschichtsschreiber. Ich weise dagegen nach, wie der Klassenkampf in Frankreich Umstände und Verhältnisse schuf, welche einer mittelmäßigen und grotesken Personage das Spiel der Heldenrolle ermöglichten.

Eine Umarbeitung der vorliegenden Schrift hätte sie ihrer eigentümlichen Färbung beraubt. Ich habe mich daher auf bloße Korrektur von Druckfehlern beschränkt und auf Wegstreichung jetzt nicht mehr verständlicher Anspielungen.

Der Schlußsatz meiner Schrift: »Aber wenn der Kaisermantel endlich auf die Schultern Louis Bonapartes fällt, wird das eherne Standbild Napoleons von der Höhe der Vendôme-Säule[4] herabstürzen«, hat sich bereits erfüllt.

Oberst Charras eröffnete den Angriff auf den Napoleon-Kultus in seinem Werke über den Feldzug von 1815.[5] Seitdem, und namentlich in den letzten Jahren, hat die französische Literatur mit den Waffen der Geschichtsforschung, der Kritik, der Satire und des Witzes der Napoleon-Legende den Garaus gemacht. Außerhalb Frankreichs ward dieser gewaltsame Bruch mit dem traditionellen Volksglauben, diese ungeheure geistige Revolution, wenig beachtet und noch weniger begriffen.

Schließlich hoffe ich, daß meine Schrift zur Beseitigung der jetzt namentlich in Deutschland landläufigen Schulphrase vom sogenannten *Cäsarismus* beitragen wird. Bei dieser oberflächlichen geschichtlichen Analogie vergißt man die Hauptsache, daß nämlich im alten Rom der Klassenkampf nur innerhalb einer privilegierten Minorität spielte, zwischen den freien Reichen und den freien Armen, während die große produktive Masse der Bevölkerung, die Sklaven, das bloß passive Piedestal für jene Kämpfer bildete. Man vergißt *Sismondis* bedeutenden Ausspruch: Das römische Proletariat lebte auf Kosten der Gesellschaft, während die moderne Gesellschaft auf Kosten des Proletariats lebt.[6] Bei so gänzlicher Verschiedenheit zwischen den materiellen, ökonomischen Bedingungen des antiken und des modernen Klassenkampfs können auch seine politischen Ausgeburten nicht mehr miteinander gemein haben als der Erzbischof von Canterbury mit dem Hohenpriester Samuel.

London, 23. Juni 1869 *Karl Marx*

2
Friedrich Engels

Vorrede zur dritten Auflage[7]

Daß eine neue Auflage des »Achtzehnten Brumaire« nötig geworden, dreiunddreißig Jahre nach dem ersten Erscheinen, beweist, daß das Schriftchen auch heute noch nichts von seinem Wert verloren hat.

Und in der Tat war es eine geniale Arbeit. Unmittelbar nach dem Ereignis, das die ganze politische Welt wie ein Wetterstrahl aus heiterm Himmel überraschte, das von den einen mit lautem Schrei sittlicher Entrüstung verdammt, von den andern als Rettung aus der Revolution und als Strafe für ihre Verirrungen akzeptiert, von allen aber nur angestaunt und von keinem verstanden wurde – unmittelbar nach diesem Ereignis trat Marx auf mit einer kurzen, epigrammatischen Darstellung, die den ganzen Gang der französischen Geschichte seit den Februartagen[8] in ihrem innern Zusammenhang darlegte, das Mirakel des zweiten Dezembers[2] in ein natürliches, notwendiges Resultat dieses Zusammenhangs auflöste und dabei nicht einmal nötig hatte, den Helden des Staatsstreichs anders als mit der wohlverdienten Verachtung zu behandeln. Und mit solcher Meisterhand war das Bild gezeichnet, daß jede neue, inzwischen erfolgte Enthüllung nur neue Beweise dafür geliefert hat, wie treu es die Wirklichkeit widerspiegelt. Dies eminente Verständnis der lebendigen Tagesgeschichte, dies klare Durchschauen der Begebenheiten, im Moment, wo sie sich ereignen, ist in der Tat beispiellos.

Dazu gehörte aber auch Marx' genaue Kenntnis der französischen Geschichte. Frankreich ist das Land, wo die geschichtlichen Klassenkämpfe mehr als anderswo jedesmal bis zur Entscheidung durchgefochten wurden, wo also auch die wechselnden politischen Formen, innerhalb deren sie sich bewegen und in denen ihre Resultate sich zusammenfassen, in den schärfsten Umrissen ausgeprägt sind. Mittelpunkt des Feudalismus im Mittelalter, Musterland der einheitlichen ständischen Monarchie seit der Renaissance, hat Frankreich in der großen Revolution den Feudalismus zertrümmert und die reine Herrschaft der Bourgeoisie begründet in einer Klassizität wie kein anderes europäisches Land. Und auch der Kampf des aufstrebenden Proletariats gegen die herrschende Bourgeoisie tritt hier in einer, anderswo unbekannten, akuten Form auf. Das war der Grund, weshalb Marx nicht nur die vergangne französische Geschichte mit besondrer Vorliebe studierte, sondern auch die laufende in allen Einzelheiten verfolgte, das Material zu künftigem Gebrauch sammelte und daher nie von den Ereignissen überrascht wurde.

Dazu aber kam noch ein anderer Umstand. Es war grade Marx, der das große Bewegungsgesetz der Geschichte zuerst entdeckt hatte, das Gesetz, wonach alle geschichtlichen Kämpfe, ob sie auf politischem, religiösem, philosophischem oder sonst ideologischem Gebiet vor sich gehn, in der Tat nur der mehr oder weniger deutliche Ausdruck von Kämpfen gesellschaftlicher Klassen sind, und daß die Existenz und damit auch die Kollisionen dieser Klassen wieder bedingt sind durch den Entwicklungsgrad ihrer ökonomischen Lage, durch die Art und Weise ihrer Produktion und ihres dadurch bedingten Austausches. Dies Gesetz, das für die Geschichte dieselbe Bedeutung hat wie das Gesetz von der Verwandlung der Energie für die Naturwissenschaft — dies Gesetz gab ihm auch hier den Schlüssel zum Verständnis der Geschichte der Zweiten Französischen Republik. An dieser Geschichte hat er hier die Probe auf sein Gesetz gemacht, und selbst nach dreiunddreißig Jahren müssen wir noch sagen, daß diese Probe glänzend ausgefallen ist.

F. E.

Der achtzehnte Brumaire
des Louis Bonaparte[9]

Geschrieben etwa Mitte Dezember 1851 bis 25. März 1852.
Erstmalig veröffentlicht in: Die Revolution, Eine Zeitschrift in zwanglosen Heften (New York), 1852, 1. Heft.
Die zweite Ausgabe erschien 1869 in Hamburg. Siehe MEW, Bd. 8, S. 111—207.
Dem Text liegt die von Engels besorgte dritte Auflage, Hamburg 1885, zugrunde.

Der

Achtzehnte Brumaire

des

Louis Bonaparte.

Von

Karl Marx.

Zweite Ausgabe.

Hamburg
Otto Meißner.
1869

Titelblatt der zweiten Ausgabe
mit einer Widmung des Autors für César De Paepe

I

Hegel bemerkt irgendwo, daß alle großen weltgeschichtlichen Tatsachen und Personen sich sozusagen zweimal ereignen.[10] Er hat vergessen hinzuzufügen: das eine Mal als Tragödie, das andere Mal als Farce. Caussidière für Danton, Louis Blanc für Robespierre, die Montagne von 1848–1851 für die Montagne von 1793–1795[11], der Neffe für den Onkel. Und dieselbe Karikatur in den Umständen, unter denen die zweite Auflage des achtzehnten Brumaire[12] herausgegeben wird!

Die Menschen machen ihre eigene Geschichte, aber sie machen sie nicht aus freien Stücken, nicht unter selbstgewählten, sondern unter unmittelbar vorgefundenen, gegebenen und überlieferten Umständen. Die Tradition aller toten Geschlechter lastet wie ein Alp auf dem Gehirne der Lebenden. Und wenn sie eben damit beschäftigt scheinen, sich und die Dinge umzuwälzen, noch nicht Dagewesenes zu schaffen, gerade in solchen Epochen revolutionärer Krise beschwören sie ängstlich die Geister der Vergangenheit zu ihrem Dienste herauf, entlehnen ihnen Namen, Schlachtparole, Kostüm, um in dieser altehrwürdigen Verkleidung und mit dieser erborgten Sprache die neue Weltgeschichtsszene aufzuführen. So maskierte sich Luther als Apostel Paulus, die Revolution von 1789–1814 drapierte sich abwechselnd als römische Republik und als römisches Kaisertum, und die Revolution von 1848 wußte nichts Besseres zu tun, als hier 1789, dort die revolutionäre Überlieferung von 1793–1795 zu parodieren. So übersetzt der Anfänger, der eine neue Sprache erlernt hat, sie immer zurück in seine Muttersprache, aber den Geist der neuen Sprache hat er sich nur angeeignet, und frei in ihr zu produzieren vermag er nur, sobald er sich ohne Rückerinnerung in ihr bewegt und die ihm angestammte Sprache in ihr vergißt.

Bei Betrachtung jener weltgeschichtlichen Totenbeschwörungen zeigt sich sofort ein springender Unterschied. Camille Desmoulins, Danton, Robespierre, St-Just, Napoleon, die Heroen, wie die Parteien und die Masse der alten französischen Revolution, vollbrachten in dem römischen Kostüme und mit römischen Phrasen die Aufgabe ihrer Zeit, die Entfesselung und Herstellung der modernen *bürgerlichen* Gesellschaft. Die einen schlugen den feudalen Boden in Stücke und mähten die feudalen Köpfe ab, die darauf gewachsen waren. Der andere schuf im Innern von Frankreich die Bedingungen, worunter erst die freie Konkurrenz entwickelt, das parzellierte Grundeigentum ausgebeutet, die entfesselte industrielle Produktivkraft der Nation verwandt werden konnte, und jenseits der französischen Grenzen fegte er überall die feudalen Gestaltungen weg, soweit es nötig war, um der bürgerlichen Gesellschaft in Frankreich eine entsprechende, zeitgemäße Umgebung auf dem europäischen Kontinent zu verschaffen. Die neue Gesellschaftsformation einmal hergestellt, verschwanden die vorsündflutlichen Kolosse und mit ihnen das wieder auferstandene Römertum – die Brutusse, Gracchusse, Publicolas, die Tribunen, die Senatoren und Cäsar selbst. Die bürgerliche Gesellschaft in ihrer nüchternen Wirklichkeit hatte sich ihre wahren Dolmetscher und Sprachführer erzeugt in den Says, Cousins, Royer-Collards, Benjamin Constants und Guizots, ihre wirklichen Heerführer saßen hinter dem Kontortisch, und der Speckkopf Ludwigs XVIII. war ihr politisches Haupt. Ganz absorbiert in die Produktion des Reichtums und in den friedlichen Kampf der Konkurrenz, begriff sie nicht mehr, daß die Gespenster der Römerzeit ihre Wiege gehütet hatten. Aber unheroisch, wie die bürgerliche Gesellschaft ist, hatte es jedoch des Heroismus bedurft, der Aufopferung, des Schreckens, des Bürgerkriegs und der Völkerschlachten, um sie auf die Welt zu setzen. Und ihre Gladiatoren fanden in den klassisch strengen Überlieferungen der römischen Republik die Ideale und die Kunstformen, die Selbsttäuschungen, deren sie bedurften, um den bürgerlich beschränkten Inhalt ihrer Kämpfe sich selbst zu verbergen und ihre Leidenschaft auf der Höhe der großen geschichtlichen Tragödie zu halten. So hatten auf einer andern Entwicklungsstufe, ein Jahrhundert früher, Cromwell und das englische Volk dem Alten Testament Sprache, Leidenschaften und Illusionen für ihre bürgerliche Revolution entlehnt. Als das wirkliche Ziel erreicht, als die bürgerliche Umgestaltung der englischen Gesellschaft vollbracht war, verdrängte Locke den Habakuk.

Die Totenerweckung in jenen Revolutionen diente also dazu, die neuen Kämpfe zu verherrlichen, nicht die alten zu parodieren, die gegebene Aufgabe in der Phantasie zu übertreiben, nicht vor ihrer Lösung in der Wirklichkeit zurückzuflüchten, den Geist der Revolution wiederzufinden, nicht ihr Gespenst wieder umgehen zu machen.

1848–1851 ging nur das Gespenst der alten Revolution um, von Marrast, dem Républicain en gants jaunes[1], der sich in den alten Bailly verkleidete, bis auf den Abenteurer, der seine trivial-widrigen Züge unter der eisernen Totenlarve Napoleons versteckt. Ein ganzes Volk, das sich durch eine Revolution eine beschleunigte Bewegungskraft gegeben zu haben glaubt, findet sich plötzlich in eine verstorbene Epoche zurückversetzt, und damit keine Täuschung über den Rückfall möglich ist, stehn die alten Data wieder auf, die alte Zeitrechnung, die alten Namen, die alten Edikte, die längst der antiquarischen Gelehrsamkeit verfallen, und die alten Schergen, die längst verfault schienen. Die Nation kömmt sich vor wie jener närrische Engländer in Bedlam[13], der zur Zeit der alten Pharaonen zu leben meint und täglich über die harten Dienste jammert, die er in den äthiopischen Bergwerken als Goldgräber verrichten muß, eingemauert in dies unterirdische Gefängnis, eine spärlich leuchtende Lampe auf dem eigenen Kopfe befestigt, hinter ihm der Sklavenaufseher mit langer Peitsche und an den Ausgängen ein Gewirr von barbarischen Kriegsknechten, die weder die Zwangsarbeiter in den Bergwerken noch sich untereinander verstehn, weil sie keine ge-

---

[1] Republikaner in gelben Handschuhen

meinsame Sprache reden. »Und dies alles wird mir« — seufzt der närrische Engländer — »mir, dem freigebornen Briten, zugemutet, um Gold für die alten Pharaonen zu machen.« »Um die Schulden der Familie Bonaparte zu zahlen« — seufzt die französische Nation. Der Engländer, solange er bei Verstand war, konnte die fixe Idee des Goldmachens nicht loswerden. Die Franzosen, solange sie revolutionierten, nicht die napoleonische Erinnerung, wie die Wahl vom 10. Dezember[14] bewies. Sie sehnten sich aus den Gefahren der Revolution zurück nach den Fleischtöpfen Ägyptens[15], und der 2. Dezember 1851 war die Antwort. Sie haben nicht nur die Karikatur des alten Napoleon, sie haben den alten Napoleon selbst karikiert, wie er sich ausnehmen muß in der Mitte des neunzehnten Jahrhunderts.

Die soziale Revolution des neunzehnten Jahrhunderts kann ihre Poesie nicht aus der Vergangenheit schöpfen, sondern nur aus der Zukunft. Sie kann nicht mit sich selbst beginnen, bevor sie allen Aberglauben an die Vergangenheit abgestreift hat. Die früheren Revolutionen bedurften der weltgeschichtlichen Rückerinnerungen, um sich über ihren eigenen Inhalt zu betäuben. Die Revolution des neunzehnten Jahrhunderts muß die Toten ihre Toten begraben lassen[16], um bei ihrem eignen Inhalt anzukommen. Dort ging die Phrase über den Inhalt, hier geht der Inhalt über die Phrase hinaus.

Die Februarrevolution[8] war eine Überrumpelung, eine *Überraschung* der alten Gesellschaft, und das Volk proklamierte diesen unverhofften *Handstreich* als eine weltgeschichtliche Tat, womit die neue Epoche eröffnet sei. Am 2. Dezember wird die Februarrevolution eskamotiert durch die Volte eines falschen Spielers, und was umgeworfen scheint, ist nicht mehr die Monarchie, es sind die liberalen Konzessionen, die ihr durch jahrhundertlange Kämpfe abgetrotzt waren. Statt daß die *Gesellschaft* selbst sich einen neuen Inhalt erobert hätte, scheint nur der *Staat* zu seiner ältesten Form zurückgekehrt, zur unverschämt einfachen Herrschaft von Säbel und von Kutte. So antwortet auf den coup de main[1] vom Februar 1848 der coup de tête[2] vom Dezember 1851. Wie gewonnen, so zerronnen. Unterdessen ist die Zwischenzeit nicht unbenutzt vorübergegangen. Die französische Gesellschaft hat während der Jahre 1848–1851 die Studien und Erfahrungen nachgeholt, und zwar in einer abkürzenden, weil revolutionären Methode, die bei regelmäßiger, sozusagen schulgerechter Entwickelung der Februarrevolution hätten vorhergehn müssen, sollte sie mehr als eine Erschütterung der Oberfläche sein. Die Gesellschaft scheint jetzt hinter ihren Ausgangspunkt zurückgetreten; in Wahrheit hat sie sich erst den revolutionären Ausgangspunkt zu schaffen, die Situation, die Verhältnisse, die Bedingungen, unter denen allein die moderne Revolution ernsthaft wird.

Bürgerliche Revolutionen, wie die des achtzehnten Jahrhunderts, stürmen rascher von Erfolg zu Erfolg, ihre dramatischen Effekte überbieten sich, Menschen und Dinge scheinen in Feuerbrillanten gefaßt, die Ekstase ist der Geist jedes Tages; aber sie sind kurzlebig, bald haben sie ihren Höhepunkt erreicht, und ein langer Katzenjammer erfaßt die Gesellschaft, ehe sie die Resultate ihrer Drang- und Sturmperiode nüchtern sich aneignen lernt. Proletarische Revolutionen dagegen, wie die des neunzehnten Jahrhunderts, kritisieren beständig sich selbst, unterbrechen sich fortwährend in ihrem eignen Lauf, kommen auf das scheinbar Vollbrachte zurück, um es wieder von neuem anzufangen, verhöhnen grausam-gründlich die Halbheiten, Schwächen und Erbärmlichkeiten ihrer ersten Versuche, scheinen ihren Gegner nur niederzuwerfen, damit er neue Kräfte aus der Erde sauge und sich riesenhafter ihnen gegenüber wieder aufrichte, schrecken stets von neuem zurück vor der unbestimmten Ungeheuerlichkeit ihrer eignen Zwecke, bis die Situation geschaffen ist, die jede Umkehr unmöglich macht, und die Verhältnisse selbst rufen:

> Hic Rhodus, hic salta!
> Hier ist die Rose, hier tanze![17]

[1] Handstreich — [2] frech von oben geführte Streich

Jeder erträgliche Beobachter übrigens, selbst wenn er nicht Schritt vor Schritt dem Gang der französischen Entwicklung gefolgt war, mußte ahnen, daß der Revolution eine unerhörte Blamage bevorstehe. Es genügte, das selbstgefällige Siegsgekläffe zu hören, womit die Herren Demokraten sich wechselweis zu den Gnadenwirkungen des zweiten [Sonntags des Monats] Mai 1852[18] beglückwünschten. Der zweite [Sonntag des Monats] Mai 1852 war in ihren Köpfen zur fixen Idee geworden, zum Dogma, wie der Tag, an dem Christus wiedererscheinen und das Tausendjährige Reich beginnen sollte, in den Köpfen der Chiliasten[19]. Die Schwäche hatte sich wie immer in den Wunderglauben gerettet, glaubte den Feind überwunden, wenn sie ihn in der Phantasie weghexte, und verlor alles Verständnis der Gegenwart über der tatlosen Verhimmelung der Zukunft, die ihr bevorstehe, und der Taten, die sie in petto habe, aber nur noch nicht an den Mann bringen wolle. Jene Helden, die ihre bewiesene Unfähigkeit dadurch zu widerlegen suchen, daß sie sich wechselseitig ihr Mitleiden schenken und sich zu einem Haufen zusammentun, hatten ihre Bündel geschnürt, strichen ihre Lorbeerkronen auf Vorschuß ein und waren eben damit beschäftigt, auf dem Wechselmarkt die Republiken in partibus[20] diskontieren zu lassen, für die sie bereits in aller Stille ihres anspruchslosen Gemüts das Regierungspersonal vorsorglich organisiert hatten. Der 2. Dezember traf sie wie ein Blitzstrahl aus heiterm Himmel, und die Völker, die in Epochen kleinmütiger Verstimmung sich gern ihre innere Angst von den lautesten Schreiern übertäuben lassen, werden sich vielleicht überzeugt haben, daß die Zeiten vorüber sind, wo das Geschnatter von Gänsen das Kapitol retten konnte[21].

Die Konstitution, die Nationalversammlung, die dynastischen Parteien[22], die blauen und die roten Republikaner[23], die Helden von Afrika[24], der Donner der Tribüne, das Wetterleuchten der Tagespresse, die gesamte Literatur, die politischen Namen und die geistigen Renommeen, das bürgerliche Gesetz und das peinliche Recht, die liberté, égalité, fraternité und der zweite [Sonntag des Monats] Mai 1852 — alles ist verschwunden wie eine Phantasmagorie vor der Bannformel eines Mannes, den seine Feinde selbst für keinen Hexenmeister ausgeben. Das allgemeine Wahlrecht scheint nur einen Augenblick überlebt zu haben, damit es eigenhändig vor den Augen aller Welt sein Testament mache und im Namen des Volkes selbst erkläre: »Alles, was besteht, ist wert, daß es zugrunde geht«[25].

Es genügt nicht zu sagen, wie die Franzosen tun, daß ihre Nation überrascht worden sei. Einer Nation und einer Frau wird die unbewachte Stunde nicht verziehen, worin der erste beste Abenteurer ihnen Gewalt antun konnte. Das Rätsel wird durch dergleichen Wendungen nicht gelöst, sondern nur anders formuliert. Es bliebe zu erklären, wie eine Nation von 36 Millionen durch drei Industrieritter überrascht und widerstandslos in die Gefangenschaft abgeführt werden kann.

Rekapitulieren wir in allgemeinen Zügen die Phasen, die die französische Revolution vom 24. Februar 1848 bis zum Dezember 1851 durchlaufen hat.

Drei Hauptperioden sind unverkennbar: *die Februarperiode;* 4. Mai 1848 bis zum 28. Mai 1849: *Periode der Konstituierung der Republik* oder *der konstituierenden Nationalversammlung;* 28. Mai 1849 bis zum 2. Dezember 1851: *Periode der konstitutionellen Republik* oder *der legislativen Nationalversammlung.*

Die *erste Periode* vom 24. Februar oder dem Sturze Louis-Philippes bis zum 4. Mai 1848, dem Zusammentritt der konstituierenden Versammlung, die eigentliche *Februarperiode,* kann als der *Prolog* der Revolution bezeichnet werden. Ihr Charakter sprach sich offiziell darin aus, daß die von ihr improvisierte Regierung sich selbst für *provisorisch* erklärte, und wie die Regierung gab alles, was in dieser Periode angeregt, versucht, ausgesprochen wurde, sich für nur *provisorisch* aus. Niemand und nichts wagte das Recht des Bestehens und der wirklichen Tat für sich in Anspruch zu nehmen. Alle Elemente, die die Revolution vorbereitet oder bestimmt hatten, dynastische Opposition[26], republikanische Bourgeoisie, demokratisch-republikanisches Kleinbürgertum, sozial-demokratisches Arbeitertum, fanden provisorisch ihren Platz in der Februar-*Regierung*.

Es konnte nicht anders sein. Die Februartage bezweckten ursprünglich eine Wahlreform, wodurch der Kreis der politisch Privilegierten unter der besitzenden Klasse selbst erweitert und die ausschließliche Herrschaft der Finanzaristokratie gestürzt werden sollte. Als es aber zum wirklichen Konflikt kam, das Volk auf die Barrikaden stieg, die Nationalgarde sich passiv verhielt, die Armee keinen ernstlichen Widerstand leistete und das Königtum davonlief, schien sich die Republik von selbst zu verstehn. Jede Partei deutete sie in ihrem Sinn. Von dem Proletariat, die Waffen in der Hand, ertrotzt, prägte es ihr seinen Stempel auf und proklamierte sie als *soziale Republik*. So wurde der allgemeine Inhalt der modernen Revolution angedeutet, der in sonderbarstem Widerspruch stand zu allem, was mit dem vorliegenden Material, mit der erreichten Bildungsstufe der Masse, unter den gegebenen Umständen und Verhältnissen zunächst unmittelbar ins Werk gesetzt werden konnte. Andrerseits wurde der Anspruch aller übrigen Elemente, die zur Februarrevolution mitgewirkt hatten, anerkannt in dem Löwenanteil, den sie an der Regierung erhielten. In keiner Periode finden wir daher ein bunteres Gemisch von überfliegenden Phrasen und tatsächlicher Unsicherheit und Unbeholfenheit, von enthusiastischerem Neuerungsstreben und von gründlicherer Herrschaft der alten Routine, von mehr scheinbarer Harmonie der ganzen Gesellschaft und von tieferer Entfremdung ihrer Elemente. Während das Pariser Proletariat noch in dem Anblick der großen Perspektive, die sich ihm eröffnet hatte, schwelgte und sich in ernstgemeinte Diskussionen über die sozialen Probleme erging, hatten sich die alten Mächte der Gesellschaft gruppiert, gesammelt, besonnen und fanden eine unerwartete Stütze an der Masse der Nation, den Bauern und Kleinbürgern, die alle auf einmal auf die politische Bühne stürzten, nachdem die Barrieren der Julimonarchie gefallen waren.

Die *zweite Periode* vom 4. Mai 1848 bis Ende Mai 1849 ist die Periode der *Konstituierung, der Begründung der bürgerlichen Republik*. Unmittelbar nach den Februartagen war nicht nur die dynastische Opposition überrascht worden durch die Republikaner, die Republikaner durch die Sozialisten, sondern ganz Frankreich durch Paris. Die Nationalversammlung, die am 4. Mai 1848 zusammentrat, aus den Wahlen der Nation hervorgegangen, repräsentierte die Nation. Sie war ein lebendiger Protest gegen die Zumutungen der Februartage und sollte die Resultate der Revolution auf den bürgerlichen Maßstab zurückführen. Vergebens versuchte das Pariser Proletariat, das den Charakter dieser Nationalversammlung sofort begriff, wenige Tage nach ihrem Zusammentritt, am 15. Mai, ihre Existenz gewaltsam wegzuleugnen, sie aufzulösen, die organische Gestalt, worin der reagierende Geist der Nation es bedrohte, wieder in ihre einzelnen Bestandteile zu zerstreuen.[27] Der 15. Mai hatte bekanntlich kein anderes Resultat, als Blanqui und Genossen, d. h. die wirklichen Führer der proletarischen Partei, für die ganze Dauer des Zyklus, den wir betrachten, vom öffentlichen Schauplatz zu entfernen.

Auf die *bürgerliche Monarchie* Louis-Philippes kann nur die *bürgerliche Republik* folgen, d. h., wenn unter dem Namen des Königs ein beschränkter Teil der Bourgeoisie geherrscht hat, so wird jetzt im Namen des Volks die Gesamtheit der Bourgeoisie herrschen. Die Forderungen des Pariser Proletariats sind utopistische Flausen, womit geendet werden muß. Auf diese Erklärung der konstituierenden Nationalversammlung antwortete das Pariser Proletariat mit der *Juni-Insurrektion*[28], dem kolossalsten Ereignis in der Geschichte der europäischen Bürgerkriege. Die bürgerliche Republik siegte. Auf ihrer Seite stand die Finanzaristokratie, die industrielle Bourgeoisie, der Mittelstand, die Kleinbürger, die Armee, das als Mobilgarde[29] organisierte Lumpenproletariat, die geistigen Kapazitäten, die Pfaffen ud die Landbevölkerung. Auf der

Seite des Pariser Proletariats stand niemand als es selbst. Über 3 000 Insurgenten wurden niedergemetzelt nach dem Siege, 15 000 ohne Urteil transportiert. Mit dieser Niederlage tritt das Proletariat in den *Hintergrund* der revolutionären Bühne. Es versucht sich jedesmal wieder vorzudrängen, sobald die Bewegung einen neuen Anlauf zu nehmen scheint, aber mit immer schwächerem Kraftaufwand und stets geringerem Resultat. Sobald eine der höher über ihm liegenden Gesellschaftsschichten in revolutionäre Gärung gerät, geht es eine Verbindung mit ihr ein und teilt so alle Niederlagen, die die verschiedenen Parteien nacheinander erleiden. Aber diese nachträglichen Schläge schwächen sich immer mehr ab, je mehr sie sich auf die ganze Oberfläche der Gesellschaft verteilen. Seine bedeutenderen Führer in der Versammlung und in der Presse fallen der Reihe nach den Gerichten als Opfer, und immer zweideutigere Figuren treten an seine Spitze. Zum Teil wirft es sich auf *doktrinäre Experimente, Tauschbanken[30] und Arbeiterassoziationen, also in eine Bewegung, worin es darauf verzichtet, die alte Welt mit ihren eigenen großen Gesamtmitteln umzuwälzen, vielmehr hinter dem Rücken der Gesellschaft, auf Privatweise, innerhalb seiner beschränkten Existenzbedingungen, seine Erlösung zu vollbringen sucht, also notwendig scheitert.* Es scheint weder in sich selbst die revolutionäre Größe wiederfinden noch aus den neu eingegangenen Verbindungen neue Energie gewinnen zu können, bis *alle Klassen*, womit es im Juni gekämpft, neben ihm selbst platt darniederliegen. Aber wenigstens erliegt es mit den Ehren des großen weltgeschichtlichen Kampfes; nicht nur Frankreich, ganz Europa zittert vor dem Juni-Erdbeben, während die nachfolgenden Niederlagen der höhern Klassen so wohlfeil erkauft werden, daß sie der frechen Übertreibung von seiten der siegenden Partei bedürfen, um überhaupt als Ereignisse passieren zu können, und um so schmachvoller werden, je weiter die unterliegende Partei von der proletarischen entfernt ist.

Die Niederlage der Juni-Insurgenten hatte allerdings das

Terrain vorbereitet, geebnet, worauf die bürgerliche Republik begründet, aufgeführt werden konnte; aber sie hatte zugleich gezeigt, daß es sich in Europa um andre Fragen handelt als um »Republik oder Monarchie«. Sie hatte offenbart, daß *bürgerliche Republik* hier die uneingeschränkte Despotie einer Klasse über andre Klassen bedeute. Sie hatte bewiesen, daß in altzivilisierten Ländern mit entwickelter Klassenbildung, mit modernen Produktionsbedingungen und mit einem geistigen Bewußtsein, worin alle überlieferten Ideen durch jahrhundertlange Arbeit aufgelöst sind, *die Republik überhaupt nur die politische Umwälzungsform der bürgerlichen Gesellschaft* bedeutet und nicht ihre *konservative Lebensform,* wie z. B. in den Vereinigten Staaten von Nordamerika, wo zwar schon Klassen bestehn, aber sich noch nicht fixiert haben, sondern in beständigem Flusse fortwährend ihre Bestandteile wechseln und aneinander abtreten, wo die modernen Produktionsmittel, statt mit einer stagnanten Überbevölkerung zusammenzufallen, vielmehr den relativen Mangel an Köpfen und Händen ersetzen und wo endlich die fieberhaft jugendliche Bewegung der materiellen Produktion, die eine neue Welt sich anzueignen hat, weder Zeit noch Gelegenheit ließ, die alte Geisterwelt abzuschaffen.

Alle Klassen und Parteien hatten sich während der Junitage zur *Partei der Ordnung* vereint gegenüber der proletarischen Klasse, als der *Partei der Anarchie,* des Sozialismus, des Kommunismus. Sie hatten die Gesellschaft »gerettet« gegen *»die Feinde der Gesellschaft«.* Sie hatten die Stichworte der alten Gesellschaft, »Eigentum, Familie, Religion, Ordnung«, als Parole unter ihr Heer ausgeteilt und der kontrerevolutionären Kreuzfahrt zugerufen: »Unter diesem Zeichen wirst du siegen!«[31] Von diesem Augenblick, sobald eine der zahlreichen Parteien, die sich unter diesem Zeichen gegen die Juni-Insurgenten geschart hatten, in ihrem eigenen Klasseninteresse den revolutionären Kampfplatz zu behaupten sucht, unterliegt sie vor dem Rufe: »Eigentum, Familie, Religion, Ordnung«. Die Gesellschaft wird ebensooft gerettet, als sich der Kreis ihrer

Herrscher verengt, als ein exklusiveres Interesse dem weiteren gegenüber behauptet wird. Jede Forderung der einfachsten bürgerlichen Finanzreform, des ordinärsten Liberalismus, des formalsten Republikanertums, der plattesten Demokratie, wird gleichzeitig als »Attentat auf die Gesellschaft« bestraft und als »Sozialismus« gebrandmarkt. Und schließlich werden die Hohenpriester der »Religion und Ordnung« selbst mit Fußtritten von ihren Pythiastühlen verjagt, bei Nacht und Nebel aus ihren Betten geholt, in Zellenwagen gesteckt, in Kerker geworfen oder ins Exil geschickt, ihr Tempel wird der Erde gleichgemacht, ihr Mund wird versiegelt, ihre Feder zerbrochen, ihr Gesetz zerrissen, im Namen der Religion, des Eigentums, der Familie, der Ordnung. Ordnungsfanatische Bourgeois auf ihren Balkonen werden von besoffenen Soldatenhaufen zusammengeschossen, ihr Familienheiligtum wird entweiht, ihre Häuser werden zum Zeitvertreib bombardiert — im Namen des Eigentums, der Familie, der Religion und der Ordnung. Der Auswurf der bürgerlichen Gesellschaft bildet schließlich die *heilige Phalanx der Ordnung,* und Held Krapülinski[32] zieht in die Tuilerien ein als *»Retter der Gesellschaft«.*

II

Nehmen wir den Faden der Entwicklung wieder auf.

Die Geschichte der *konstituierenden Nationalversammlung* seit den Junitagen[28] ist die *Geschichte der Herrschaft und der Auflösung der republikanischen Bourgeoisfraktion,* jener Fraktion, die man unter dem Namen trikolore Republikaner, reine Republikaner, politische Republikaner, formalistische Republikaner usw. kennt.

Sie hatte unter der bürgerlichen Monarchie Louis-Philippes die *offizielle* republikanische *Opposition* und daher einen anerkannten Bestandteil der damaligen politischen Welt gebildet. Sie besaß ihre Vertreter in den Kammern und in der Presse einen bedeutenden Wirkungskreis. Ihr Pariser Organ, der »National«, galt in seiner Weise für ebenso respektabel als das »Journal des Débats«. Dieser Stellung unter der konstitutionellen Monarchie entsprach ihr Charakter. Es war dies keine durch große gemeinsame Interessen zusammengehaltene und durch eigentümliche Produktionsbedingungen abgegrenzte Fraktion der Bourgeoisie. Es war eine Koterie von republikanisch gesinnten Bourgeois, Schriftstellern, Advokaten, Offizieren und Beamten, deren Einfluß auf den persönlichen Antipathien des Landes gegen Louis-Philippe, auf Erinnerungen an die alte Republik, auf dem republikanischen Glauben einer Anzahl von Schwärmern, vor allem aber auf dem *französischen Nationalismus* beruhte, dessen Haß gegen die Wiener Verträge[33] und gegen die Allianz mit England sie fortwährend wachhielt. Einen großen Teil des Anhangs, den der »National« unter Louis-Philippe besaß, schuldete er diesem versteckten Imperialismus, der ihm daher später unter der Republik als ein vernichtender Konkurrent in der Person Louis Bonapartes gegenübertreten konnte. Die Finanzaristokratie bekämpfte er, wie die ganze übrige bürgerliche Opposition es tat. Die Polemik gegen das Budget, die in Frankreich genau mit der Bekämpfung der Finanzaristokratie zusammenhing, verschaffte eine zu wohlfeile Popularität und zu reichhaltigen Stoff zu puritanischen leading articles[1], um nicht ausgebeutet zu werden. Die industrielle Bourgeoisie war ihm dankbar für seine sklavische Verteidigung des französischen Schutzzollsystems, das er indes auf mehr nationale als nationalökonomische Gründe hin aufnahm, die Gesamtbourgeoisie für seine gehässigen Denunziationen des Kommunismus und Sozialismus. Im übrigen war die Partei des »National« *rein republikanisch*, d. h., sie verlangte eine republikanische statt einer monarchischen Form der Bourgeoisherrschaft und vor allem ihren Löwenanteil an dieser Herrschaft. Über die Bedingungen dieser Umwandlung war sie sich durchaus nicht klar. Was ihr dagegen sonnenklar war und auf den Reformbanketten in der letzten Zeit Louis-Philippes öffentlich erklärt wurde, war ihre Unpopularität bei den demokratischen Kleinbürgern und insbesondere bei dem revolutionären Proletariat. Diese reinen Republikaner, wie reine Republikaner denn sind, standen auch schon auf dem Sprunge, sich zunächst mit einer Regentschaft der Herzogin von Orléans[34] zu begnügen, als die Februarrevolution[8] ausbrach und ihren bekanntesten Vertretern einen Platz in der provisorischen Regierung anwies. Sie besaßen natürlich von vornherein das Vertrauen der Bourgeoisie und die Majorität der konstituierenden Nationalversammlung. Aus der Exekutivkommission, welche die Nationalversammlung bei ihrem Zusammentritt bildete, wurden sofort die *sozialistischen* Elemente der provisorischen Regierung ausgeschlossen, und die Partei des »National« benutzte den Ausbruch der Juni-Insurrektion, um auch die *Exekutivkommission* abzudanken und damit ihre nächsten Rivalen, die *kleinbürgerlichen* oder *demokratischen Republikaner* (Ledru-Rollin usw.), loszuwerden. Cavaignac, der General der bourgeois-republikanischen Partei, der die Junischlacht kommandierte, trat an die Stelle der Exekutivkommission mit einer Art diktatorischer Gewalt. Marrast, ehemaliger Redakteur en

[1] Leitartikeln

chef des »National«, wurde der perpetuierliche Präsident der konstituierenden Nationalversammlung, und die Ministerien, wie sämtliche übrigen bedeutenden Posten, fielen den reinen Republikanern anheim.

Die republikanische Bourgeoisfraktion, die sich seit lange als legitime Erbin der Julimonarchie betrachtet hatte, fand sich so in ihrem Ideal übertroffen, aber sie gelangte zur Herrschaft, nicht, wie sie unter Louis-Philippe geträumt hatte, durch eine liberale Revolte der Bourgeoisie gegen den Thron, sondern durch eine niederkartätschte Emeute des Proletariats gegen das Kapital. Was sie als das *revolutionärste* Ereignis sich vorgestellt hatte, trug sich in der Wirklichkeit zu als das *kontrerevolutionärste*. Die Frucht fiel ihr in den Schoß, aber sie fiel vom Baum der Erkenntnis, nicht vom Baum des Lebens.

Die ausschließliche *Herrschaft der Bourgeois-Republikaner* währte nur vom 24. Juni bis zum 10. Dezember 1848. Sie resümiert sich in der *Abfassung einer republikanischen Konstitution* und im *Belagerungszustand von Paris*.

Die neue *Konstitution*[35] war im Grunde nur die republikanisierte Ausgabe der konstitutionellen Charte von 1830[36]. Der enge Wahlzensus der Julimonarchie, der selbst einen großen Teil der Bourgeoisie von der politischen Herrschaft ausschloß, war unvereinbar mit der Existenz der bürgerlichen Republik. Die Februarrevolution hatte sofort an der Stelle dieses Zensus das direkte allgemeine Wahlrecht proklamiert. Die Bourgeois-Republikaner konnten dieses Ereignis nicht ungeschehn machen. Sie mußten sich damit begnügen, die beschränkende Bestimmung eines sechsmonatlichen Domizils am Wahlorte hinzuzufügen. Die alte Organisation der Verwaltung, des Gemeindewesens, der Rechtspflege, der Armee usw. blieb unversehrt bestehen oder, wo die Konstitution sie änderte, betraf die Änderung das Inhaltsregister, nicht den Inhalt, den Namen, nicht die Sache.

Der unvermeidliche Generalstab der Freiheiten von 1848, persönliche Freiheit, Preß-, Rede-, Assoziations-, Versammlungs-, Lehr- und Religionsfreiheit usw., erhielt eine konstitutionelle Uniform, die sie unverwundbar machte. Jede dieser Freiheiten wird nämlich als das *unbedingte* Recht des französischen Citoyen proklamiert, aber mit der beständigen Randglosse, daß sie schrankenlos sei, soweit sie nicht durch die »*gleichen Rechte anderer* und die *öffentliche Sicherheit*« beschränkt werde oder durch »Gesetze«, die eben diese Harmonie vermitteln sollen. Z. B.: »Die Bürger haben das Recht, sich zu assoziieren, sich friedlich und unbewaffnet zu versammeln, zu petitionieren und ihre Meinungen durch die Presse oder wie sonst immer auszudrücken. *Der Genuß dieser Rechte hat keine andre Schranke als die gleichen Rechte andrer und die öffentliche Sicherheit.*« (Kap. II der französischen Konstitution, §8.) — »Der Unterricht ist frei. Die Freiheit des Unterrichts soll *genossen* werden unter den vom Gesetze fixierten Bedingungen und unter der Oberaufsicht des Staats.« (A. a. O., §9.) — »Die Wohnung jedes Bürgers ist unverletzlich *außer* in den vom Gesetz vorgeschriebenen Formen.« (Kap. II, §3.) Usw. usw. — Die Konstitution weist daher beständig auf zukünftige *organische* Gesetze hin, die jene Randglossen ausführen und den Genuß dieser unbeschränkten Freiheiten so regulieren sollen, daß sie weder untereinander noch mit der öffentlichen Sicherheit anstoßen. Und später sind die organischen Gesetze von den Ordnungsfreunden[22] ins Leben gerufen und alle jene Freiheiten so reguliert worden, daß die Bourgeoisie in deren Genuß an den gleichen Rechten der andern Klassen keinen Anstoß findet. Wo sie »den andern« diese Freiheiten ganz untersagt oder ihren Genuß unter Bedingungen erlaubt, die ebenso viele Polizeifallstricke sind, geschah dies immer nur im Interesse der »*öffentlichen Sicherheit*«, d. h. der Sicherheit der Bourgeoisie, wie die Konstitution vorschreibt. Beide Seiten berufen sich daher in der Folge mit vollem Recht auf die Konstitution, sowohl die Ordnungsfreunde, die alle jene Freiheiten aufhoben, wie die Demokraten, die sie alle herausverlangten. Jeder Paragraph der Konstitution enthält nämlich seine eigene Antithese, sein eignes Ober- und Unterhaus in sich, nämlich in der allgemeinen

Phrase die Freiheit, in der Randglosse die Aufhebung der Freiheit. Solange also der *Name* der Freiheit respektiert und nur die wirkliche Ausführung derselben verhindert wurde, auf gesetzlichem Wege versteht sich, blieb das konstitutionelle Dasein der Freiheit unversehrt, unangetastet, mochte ihr *gemeines* Dasein noch so sehr totgeschlagen sein.

Diese auf so sinnige Weise unverletzlich gemachte Konstitution war indes wie Achilles an einem Punkte verwundbar, nicht an der Ferse, aber am Kopfe oder vielmehr an den zwei Köpfen, worin sie sich verlief — *gesetzgebende Versammlung* einerseits, *Präsident* andrerseits. Man durchfliege die Konstitution, und man wird finden, daß nur die Paragraphen, worin das Verhältnis des Präsidenten zur gesetzgebenden Versammlung bestimmt wird, absolut, positiv, widerspruchslos, unverdrehbar sind. Hier galt es nämlich für die Bourgeois-Republikaner, sich selbst sicherzustellen. §§ 45—70 der Konstitution sind so abgefaßt, daß die Nationalversammlung den Präsidenten konstitutionell, der Präsident die Nationalversammlung nur inkonstitutionell beseitigen kann, nur indem er die Konstitution selbst beseitigt. Hier fordert sie also ihre gewaltsame Vernichtung heraus. Sie heiligt nicht nur wie die Charte von 1830 die Teilung der Gewalten, sie erweitert sie bis zum unerträglichen Widerspruch. Das *Spiel der konstitutionellen Gewalten,* wie Guizot den parlamentarischen Krakeel zwischen gesetzgebender und vollziehender Gewalt nannte, spielt in der Konstitution von 1848 beständig va banque. Auf der einen Seite 750 durch allgemeines Stimmrecht gewählte und wieder wählbare Volksrepräsentanten, die eine unkontrollierbare, unauflösbare, unteilbare Nationalversammlung bilden, eine Nationalversammlung, welche gesetzgeberische Allmacht genießt, über Krieg, Frieden und Handelsverträge in letzter Instanz entscheidet, allein das Recht der Amnestie besitzt und durch ihre Permanenz unaufhörlich den Vordergrund der Bühne behauptet. Andrerseits der Präsident, mit allen Attributen der königlichen Macht, mit der Befugnis, seine Minister unabhängig von der Nationalversammlung ein-

und abzusetzen, mit allen Mitteln der exekutiven Gewalt in seinen Händen, alle Stellen vergebend und dadurch in Frankreich wenigstens über 1½ Millionen Existenzen entscheidend, denn so viel hängen an den 500 000 Beamten und an den Offizieren aller Grade. Er hat die ganze bewaffnete Macht hinter sich. Er genießt das Privilegium, einzelne Verbrecher zu begnadigen, Nationalgarden zu suspendieren, die von den Bürgern selbst erwählten General-, Kantonal- und Gemeinderäte im Einverständnis mit dem Staatsrat abzusetzen. Initiative und Leitung aller Verträge mit dem Ausland sind ihm vorbehalten. Während die Versammlung beständig auf den Brettern spielt und dem kritisch gemeinen Tageslicht ausgesetzt ist, führt er ein verborgenes Leben in den elyseeischen Gefilden[37], und zwar mit Artikel 45 der Konstitution vor Augen und im Herzen, der ihm täglich zuruft: »Frère, il faut mourir!«[38] Deine Macht hört auf am zweiten Sonntag des schönen Monats Mai im vierten Jahr deiner Wahl! Dann ist die Herrlichkeit am Ende, das Stück spielt nicht zweimal, und wenn du Schulden hast, siehe beizeiten zu, daß du sie mit den dir von der Konstitution aufgeworfenen 600 000 Franken abzahlst, ziehst du nicht etwa vor, am zweiten Montag des schönen Monats Mai nach Clichy[39] zu wandern! — Wenn die Konstitution so dem Präsidenten die faktische Gewalt beilegt, sucht sie der Nationalversammlung die moralische Macht zu sichern. Abgesehn davon, daß es unmöglich ist, durch Gesetzparagraphen eine moralische Macht zu schaffen, hebt die Konstitution sich hierin wieder selbst auf, indem sie den Präsidenten von allen Franzosen durch direktes Stimmrecht wählen läßt. Während die Stimmen Frankreichs sich auf die 750 Mitglieder der Nationalversammlung zersplittern, konzentrieren sie sich dagegen hier auf *ein* Individuum. Während jeder einzelne Volksrepräsentant nur diese oder jene Partei, diese oder jene Stadt, diesen oder jenen Brückenkopf oder auch nur die Notwendigkeit vertritt, einen beliebigen Siebenhundertundfünfzigsten zu wählen, bei dem man sich weder die Sache noch den Mann so genau ansieht, ist *er* der Erwählte der Nation, und der Akt seiner Wahl ist der große Trumpf, den das souveräne Volk alle vier Jahre einmal ausspielt. Die erwählte Nationalversammlung steht in einem metaphysischen, aber der erwählte Präsident in einem persönlichen Verhältnis zur Nation. Die Nationalversammlung stellt wohl in ihren einzelnen Repräsentanten die mannigfaltigen Seiten des Nationalgeistes dar, aber in dem Präsidenten inkarniert er sich. Er besitzt ihr gegenüber eine Art von göttlichem Recht, er ist von Volkes Gnaden.

Thetis, die Meergöttin, hatte dem Achilles prophezeit, daß er in der Blüte der Jugend sterben werde. Die Konstitution, die ihren faulen Fleck hat, wie Achilles, hatte auch ihre Ahnung, wie Achilles, daß sie frühen Todes abgehn müsse. Es genügte den konstituierenden reinen Republikanern, einen Blick aus dem Wolkenhimmel ihrer idealen Republik auf die profane Welt zu werfen, um zu erkennen, wie der Übermut der Royalisten, der Bonapartisten, der Demokraten, der Kommunisten und ihr eigner Mißkredit täglich stiegen, in demselben Maße, als sie sich der Vollendung ihres großen gesetzgeberischen Kunstwerks näherten, ohne daß Thetis deshalb das Meer zu verlassen und ihnen das Geheimnis mitzuteilen brauchte. Sie suchten das Verhängnis konstitutionell-pfiffig zu überlisten durch § 111 der Konstitution, wonach jeder Vorschlag zur *Revision der Verfassung* in drei sukzessiven Debatten, zwischen denen immer ein ganzer Monat zu liegen hat, von wenigstens $^3/_4$ der Stimmen votiert werden muß, vorausgesetzt noch, daß nicht weniger als 500 Mitglieder der Nationalversammlung stimmen. Sie machten damit nur den ohnmächtigen Versuch, noch als parlamentarische Minorität, als welche sie sich schon prophetisch im Geiste erblickten, eine Macht auszuüben, die in diesem Augenblicke, wo sie über die parlamentarische Majorität verfügten und über alle Mittel der Regierungsgewalt, täglich mehr ihren schwachen Händen entschlüpfte.

Endlich vertraut die Konstitution, in einem melodramatischen Paragraphen, sich selbst »der Wachsamkeit und dem

Patriotismus des ganzen französischen Volkes wie jedes einzelnen Franzosen« an, nachdem sie vorher schon in einem andern Paragraphen die »Wachsamen« und »Patriotischen« der zarten, hochnotpeinlichen Aufmerksamkeit des eigens von ihr erfundenen Hochgerichts, »haute cour«, anvertraut hatte.

Das war die Konstitution von 1848, die am 2. Dezember 1851 nicht von einem Kopfe umgeworfen wurde, sondern vor der Berührung mit einem bloßen Hute umfiel; allerdings war dieser Hut ein dreieckiger Napoleonshut.

Während die Bourgeois-Republikaner in der Versammlung damit beschäftigt waren, diese Konstitution auszuspintisieren, zu diskutieren und zu votieren, hielt Cavaignac außerhalb der Versammlung den *Belagerungszustand von Paris* aufrecht. Der Belagerungszustand von Paris war der Geburtshelfer der Konstituante bei ihren republikanischen Schöpfungswehen. Wenn die Konstitution später durch Bajonette aus der Welt geschafft wird, so darf man nicht vergessen, daß sie ebenfalls durch Bajonette, und zwar gegen das Volk gekehrte, schon im Mutterleibe beschützt und durch Bajonette auf die Welt gesetzt werden mußte. Die Vorfahren der »honetten Republikaner« hatten ihr Symbol, die Trikolore, die Tour durch Europa machen lassen. Sie ihrerseits machten auch eine Erfindung, die von selbst den Weg über den ganzen Kontinent fand, aber mit immer erneuter Liebe nach Frankreich zurückkehrte, bis sie jetzt in der Hälfte seiner Departements Bürgerrecht erworben hat — den *Belagerungszustand*. Treffliche Erfindung, periodisch angewandt in jeder nachfolgenden Krise im Laufe der französischen Revolution. Aber Kaserne und Biwak, die man so der französischen Gesellschaft periodisch auf den Kopf legte, um ihr das Hirn zusammenzupressen und sie zum stillen Mann zu machen; Säbel und Muskete, die man periodisch richten und verwalten, bevormunden und zensieren, Polizei üben und Nachtwächterdienst verrichten ließ; Schnurrbart und Kommißrock, die man periodisch als höchste Weisheit der Gesellschaft und als Retter der Gesellschaft ausposaunte; — mußten Kaserne und Biwak, Säbel und Muskete, Schnurrbart und Kommißrock nicht schließlich auf den Einfall kommen, lieber ein für allemal die Gesellschaft zu retten, indem sie ihr eignes Regime als das oberste ausriefen und die bürgerliche Gesellschaft ganz von der Sorge befreiten, sich selbst zu regieren? Kaserne und Biwak, Säbel und Muskete, Schnurrbart und Kommißrock mußten um so mehr auf diesen Einfall kommen, als sie dann auch bessere bare Zahlung für ihr erhöhtes Verdienst erwarten konnten, während bei dem bloß periodischen Belagerungszustand und den vorübergehenden Gesellschaftsrettungen im Geheiß dieser oder jener Bourgeoisfraktion wenig Solides abfiel außer einigen Toten und Verwundeten und einigen freundlichen Bürgergrimassen. Sollte das Militär nicht endlich auch einmal in seinem eignen Interesse und für sein eignes Interesse Belagerungszustand spielen und zugleich die bürgerlichen Börsen belagern? Man vergesse übrigens nicht, im Vorbeigehn sei es bemerkt, daß *Oberst Bernard*, derselbe Militärkommissions-Präsident, der unter Cavaignac 15000 Insurgenten zur Deportation ohne Urteil verhalf, sich in diesem Augenblick wieder an der Spitze der in Paris tätigen Militärkommissionen bewegt.

Wenn die honetten, die reinen Republikaner mit dem Belagerungszustand in Paris die Pflanzschule angelegt, worin die Prätorianer[40] des 2. Dezember 1851 großwachsen sollten, verdienen sie dagegen das Lob, daß sie, statt wie unter Louis-Philippe das Nationalgefühl zu übertreiben, jetzt, wo sie über die nationale Macht geboten, vor dem Auslande kriechen und, statt Italien frei zu machen, es von Österreichern und Neapolitanern wiedererobern lassen[41]. Louis Bonapartes Wahl zum Präsidenten am 10. Dezember 1848 machte der Diktatur Cavaignacs und der Konstituante ein Ende.

In §44 der Konstitution heißt es: »Der Präsident der Französischen Republik darf nie seine Eigenschaft als französischer Bürger verloren haben.« Der erste Präsident der Französischen Republik, L.-N. Bonaparte, hatte nicht allein seine Eigenschaft als französischer Bürger verloren, war nicht nur englischer

Spezial-Konstabler gewesen, er war sogar ein naturalisierter Schweizer[42].

Ich habe an einem andern Orte die Bedeutung der Wahl vom 10. Dezember entwickelt.[43] Ich komme hier nicht darauf zurück. Es genügt hier zu bemerken, daß sie eine *Reaktion der Bauern,* die die Kosten der Februarrevolution hatten zahlen müssen, gegen die übrigen Klassen der Nation, eine *Reaktion des Landes gegen die Stadt* war. Sie fand großen Anklang in der Armee, der die Republikaner des »National« keinen Ruhm verschafft hatten, noch Zulage, unter der großen Bourgeoisie, die den Bonaparte als Brücke zur Monarchie, unter den Proletariern und Kleinbürgern, die ihn als Geißel für Cavaignac begrüßten. Ich werde später Gelegenheit finden, auf das Verhältnis der Bauern zur französischen Revolution näher einzugehen.

Die Epoche vom 20. Dezember 1848[44] bis zur Auflösung der Konstituante im Mai 1849 umfaßt die Geschichte des Untergangs der Bourgeois-Republikaner. Nachdem sie eine Republik für die Bourgeoisie gegründet, das revolutionäre Proletariat von dem Terrain vertrieben und das demokratische Kleinbürgertum einstweilen zum Schweigen gebracht haben, werden sie selbst von der Masse der Bourgeoisie beiseite geschoben, die diese Republik mit Recht als *ihr Eigentum* mit Beschlag belegt. Diese Bourgeoismasse war aber *royalistisch.* Ein Teil derselben, die großen Grundeigentümer, hatte unter der *Restauration* geherrscht und war daher *legitimistisch,* der andre, die Finanzaristokraten und großen Industriellen, hatte unter der Julimonarchie geherrscht und war daher *orleanistisch.* Die Großwürdenträger der Armee, der Universität, der Kirche, des Barreaus[1], der Akademie und der Presse verteilten sich auf beide Seiten, wenn auch in verschiedener Proportion. Hier in der bürgerlichen Republik, die weder den Namen *Bourbon* noch den Namen *Orléans* trug, sondern den Namen *Kapital,* hatten sie die Staatsform gefunden, worunter sie *gemeinsam* herrschen konnten. Schon die Juni-Insurrektion

[1] Advokatenstandes

hatte sie zur »Partei der Ordnung« vereinigt. Jetzt galt es zunächst, die Koterie der Bourgeois-Republikaner zu beseitigen, die noch die Sitze der Nationalversammlung innehielt. Ebenso brutal, wie diese reinen Republikaner dem Volke gegenüber die physische Gewalt mißbraucht hatten, ebenso feig, kleinlaut, mutlos, gebrochen, kampfunfähig wichen sie jetzt zurück, wo es galt, der exekutiven Gewalt und den Royalisten gegenüber ihr Republikanertum und ihr gesetzgeberisches Recht zu behaupten. Ich habe hier nicht die schmähliche Geschichte ihrer Auflösung zu erzählen. Es war ein Vergehen, kein Untergehen. Ihre Geschichte hat für immer ausgespielt, und in der folgenden Periode figurieren sie, sei es innerhalb, sei es außerhalb der Versammlung, nur noch als Erinnerungen, Erinnerungen, die wieder lebendig zu werden scheinen, sobald es sich wieder um den bloßen Namen Republik handelt und sooft der revolutionäre Konflikt auf das niedrigste Niveau herabzusinken droht. Ich bemerke im Vorbeigehn, daß das Journal, welches dieser Partei ihren Namen gab, der »National«, sich in der folgenden Periode zum Sozialismus bekehrt.

Ehe wir mit dieser Periode abschließen, müssen wir noch einen Rückblick auf die beiden Mächte werfen, von denen die eine die andre am 2. Dezember 1851 vernichtet, während sie vom 20. Dezember 1848 bis zum Abtritt der Konstituante in ehelichem Verhältnisse lebten. Wir meinen Louis Bonaparte einerseits und die Partei der koalisierten Royalisten, der Ordnung, der großen Bourgeoisie andrerseits. Beim Antritt seiner Präsidentschaft bildete Bonaparte sofort ein Ministerium der Partei der Ordnung, an dessen Spitze er Odilon Barrot stellte, notabene den alten Führer der liberalsten Fraktion der parlamentarischen Bourgeoisie. Herr Barrot hatte endlich das Ministerium erjagt, dessen Gespenst ihn seit 1830 verfolgte, und noch mehr, die Präsidentschaft in diesem Ministerium; aber nicht, wie er sich unter Louis-Philippe eingebildet, als der avancierteste Chef der parlamentarischen Opposition, sondern mit der Aufgabe, ein Parlament totzumachen, und als Verbündeter mit allen seinen Erzfeinden, Jesuiten und Legitimisten. Er führte endlich die Braut heim, aber erst nachdem sie prostituiert war. Bonaparte selbst eklipsierte sich scheinbar vollständig. Jene Partei handelte für ihn.

Gleich im ersten Ministerkonseil wurde die Expedition nach Rom beschlossen, die man hinter dem Rücken der Nationalversammlung auszuführen und wofür man ihr die Mittel unter falschem Vorwande zu entreißen übereinkam. So wurde begonnen mit einer Prellerei der Nationalversammlung und einer heimlichen Konspiration mit den absoluten Mächten des Auslandes gegen die revolutionäre Römische Republik. Bonaparte bereitete auf dieselbe Weise und durch dieselben Manöver seinen Coup vom 2. Dezember gegen die royalistische Legislative und ihre konstitutionelle Republik vor. Vergessen wir nicht, daß dieselbe Partei, die am 20. Dezember 1848 Bonapartes Ministerium, am 2. Dezember 1851 die Majorität der legislativen Nationalversammlung bildete.

Die Konstituante hatte im August beschlossen, sich erst aufzulösen, nachdem sie eine ganze Reihe organischer Gesetze, die die Konstitution ergänzen sollten, ausgearbeitet und promulgiert habe. Die Ordnungspartei ließ ihr durch den Repräsentanten Rateau am 6. Januar 1849 vorschlagen, die organischen Gesetze laufen zu lassen und vielmehr ihre *eigene Auflösung* zu beschließen. Nicht nur das Ministerium, Herr Odilon Barrot an der Spitze, sämtliche royalistische Mitglieder der Nationalversammlung herrschten ihr in diesem Augenblicke zu, ihre Auflösung sei notwendig zur Herstellung des Kredits, zur Konsolidierung der Ordnung, um dem unbestimmten Provisorium ein Ende zu machen und einen definitiven Zustand zu gründen, sie hindre die Produktivität der neuen Regierung und suche ihr Dasein bloß aus Ranküne zu fristen, das Land sei ihrer müde. Bonaparte merkte sich alle diese Invektiven gegen die gesetzgebende Gewalt, lernte sie auswendig und bewies den parlamentarischen Royalisten am 2. Dezember 1851, daß er von ihnen gelernt habe. Er wiederholte ihre eignen Stichworte gegen sie.

Das Ministerium Barrot und die Ordnungspartei gingen

weiter. Sie riefen *Petitionen an die Nationalversammlung* in ganz Frankreich hervor, worin diese freundlichst gebeten wurde zu verschwinden. So führten sie gegen die Nationalversammlung, den konstitutionell organisierten Ausdruck des Volkes, seine unorganischen Massen ins Feuer. Sie lehrten Bonaparte von den parlamentarischen Versammlungen an das Volk appellieren. Endlich am 29. Januar 1849 war der Tag gekommen, an dem die Konstituante über ihre eigne Auflösung beschließen sollte. Die Nationalversammlung fand ihr Sitzungsgebäude militärisch besetzt; Changarnier, der General der Ordnungspartei, in dessen Händen der Oberbefehl über Nationalgarde und Linientruppen vereinigt war, hielt große Truppenschau in Paris, als wenn eine Schlacht bevorstehe, und die koalisierten Royalisten erklärten der Konstituante drohend, daß man Gewalt anwenden werde, wenn sie nicht willig sei[45]. Sie war willig und marktete sich nur noch eine ganz kurze Lebensfrist aus. Was war der 29. Januar anders als der coup d'état vom 2. Dezember 1851[2], nur mit Bonaparte von den Royalisten gegen die republikanische Nationalversammlung ausgeführt? Die Herren bemerkten nicht oder wollten nicht merken, daß Bonaparte den 29. Januar 1849 benutzte, um einen Teil der Truppen vor den Tuilerien an sich vorbeidefilieren zu lassen, und gerade dies erste öffentliche Aufgebot der Militärmacht gegen die parlamentarische Macht begierig aufgriff, um den Caligula[46] anzudeuten. Sie sahen allerdings nur ihren Changarnier.

Ein Motiv, das die Partei der Ordnung noch insbesondere bewog, die Lebensdauer der Konstituante gewaltsam abzukürzen, waren die *organischen*, die Konstitution ergänzenden Gesetze, wie das Unterrichtsgesetz, Kultusgesetz usw. Den koalisierten Royalisten lag alles daran, diese Gesetze selbst zu machen und nicht von den mißtrauisch gewordenen Republikanern machen zu lassen. Unter diesen organischen Gesetzen befand sich indes auch ein Gesetz über die Verantwortlichkeit des Präsidenten der Republik. 1851 war die legislative Versammlung eben mit Abfassung eines solchen

Gesetzes beschäftigt, als Bonaparte diesem Coup durch den Coup vom 2. Dezember zuvorkam. Was hätten die koalisierten Royalisten in ihrem parlamentarischen Winterfeldzug von 1851 darum gegeben, wenn sie das Verantwortlichkeitsgesetz fertig vorgefunden, und zwar verfaßt von einer mißtrauischen, gehässigen, republikanischen Versammlung!

Nachdem am 29. Januar 1849 die Konstituante ihre letzte Waffe selbst zerbrochen hatte, hetzten das Ministerium Barrot und die Ordnungsfreunde sie zu Tode, ließen nichts ungeschehn, was sie demütigen konnte, und trotzten ihrer an sich selbst verzweifelnden Schwäche Gesetze ab, die sie den letzten Rest von Achtung bei dem Publikum kosteten. Bonaparte, mit seiner fixen napoleonischen Idee[47] beschäftigt, war keck genug, diese Herabwürdigung der parlamentarischen Macht öffentlich zu exploitieren. Als nämlich die Nationalversammlung am 8. Mai 1849 dem Ministerium ein Tadelsvotum wegen der Besetzung Civitavecchias durch Oudinot erteilte und die römische Expedition zu ihrem angeblichen Zweck zurückzuführen befahl[41], publizierte Bonaparte denselben Abend im »Moniteur«[48] einen Brief an Oudinot, worin er ihm zu seinen Heldentaten Glück wünscht und sich schon im Gegensatz zu den federfuchsenden Parlamentären als den großmütigen Protektor der Armee gebärdet. Die Royalisten lächelten dazu. Sie hielten ihn einfach für ihren dupe[1]. Endlich als Marrast, der Präsident der Konstituante, einen Augenblick die Sicherheit der Nationalversammlung gefährdet glaubte und auf die Konstitution gestützt einen Oberst mit seinem Regimente requirierte, weigerte sich der Oberst, bezog sich auf die Disziplin und verwies Marrast an Changarnier, der ihn höhnisch abwies mit der Bemerkung, er liebe nicht die bayonnettes intelligentes[2]. November 1851, als die koalisierten Royalisten den entscheidenden Kampf mit Bonaparte beginnen wollten, suchten sie in ihrer berüchtigten *Quästorenbill*[49] das Prinzip der direkten Requisition der Truppen durch den Präsidenten der Nationalversammlung

[1] Gimpel – [2] denkenden Bajonette

durchzusetzen. Einer ihrer Generale, Le Flô, hatte den Gesetzvorschlag unterzeichnet. Vergebens stimmte Changarnier für den Vorschlag und huldigte Thiers der umsichtigen Weisheit der ehemaligen Konstituante. Der *Kriegsminister St-Arnaud* antwortete ihm, wie dem Marrast Changarnier geantwortet hatte, und — unter dem Beifallsruf der Montagne!

So hatte die *Partei der Ordnung* selbst, als sie noch nicht Nationalversammlung, als sie nur noch Ministerium war, das *parlamentarische Regime* gebrandmarkt. Und sie schreit auf, als der 2. Dezember 1851 es aus Frankreich verbannt!

Wir wünschen ihm glückliche Reise.

III

Am 28. Mai 1849 trat die gesetzgebende Nationalversammlung zusammen. Am 2. Dezember 1851 ward die gesprengt. Diese Periode umfaßt die Lebensdauer der *konstitutionellen oder parlamentarischen Republik*.

In der ersten französischen Revolution folgt auf die Herrschaft der *Konstitutionellen* die Herrschaft der *Girondins* und auf die Herrschaft der *Girondins* die Herrschaft der *Jakobiner*. Jede dieser Parteien stützt sich auf die fortgeschrittenere. Sobald sie die Revolution weit genug geführt hat, um ihr nicht mehr folgen, noch weniger ihr vorangehn zu können, wird sie von dem kühneren Verbündeten, der hinter ihr steht, beiseite geschoben und auf die Guillotine geschickt. Die Revolution bewegt sich so in aufsteigender Linie.

Umgekehrt die Revolution von 1848. Die proletarische Partei erscheint als Anhang der kleinbürgerlich-demokratischen. Sie wird von ihr verraten und fallengelassen am 16. April[50], am 15. Mai[27] und in den Junitagen[28]. Die demokratische Partei ihrerseits lehnt sich auf die Schultern der bourgeois-republikanischen. Die Bourgeois-Republikaner glauben kaum fest zu stehn, als sie den lästigen Kameraden abschütteln und sich selbst auf die Schultern der Ordnungspartei[22] stützen. Die Ordnungspartei zieht ihre Schultern ein, läßt die Bourgeois-Republikaner purzeln und wirft sich auf die Schultern der bewaffneten Gewalt. Sie glaubt noch auf ihren Schultern zu sitzen, als sie an einem schönen Morgen bemerkt, daß sich die Schultern in Bajonette verwandelt haben. Jede Partei schlägt von hinten aus nach der weiterdrängenden und lehnt sich von vorn über auf die zurückdrängende. Kein Wunder, daß sie in dieser lächerlichen Positur das Gleichgewicht verliert und, nachdem sie die unvermeidlichen Grimassen geschnitten, unter seltsamen Kapriolen zusammenstürzt. Die Revolution bewegt sich so in absteigender Linie.

Sie befindet sich in dieser rückgängigen Bewegung, ehe die letzte Februarbarrikade weggeräumt und die erste Revolutionsbehörde konstituiert ist.

Die Periode, die wir vor uns haben, umfaßt das bunteste Gemisch schreiender Widersprüche: Konstitutionelle, die offen gegen die Konstitution konspirieren, Revolutionäre, die eingestandenermaßen konstitutionell sind, eine Nationalversammlung, die allmächtig sein will und stets parlamentarisch bleibt; eine Montagne[11], die im Dulden ihren Beruf findet und durch die Prophezeiung künftiger Siege ihre gegenwärtigen Niederlagen pariert; Royalisten, die die patres conscripti[51] der Republik bilden und durch die Situation gezwungen werden, die feindlichen Königshäuser, denen sie anhängen, im Auslande, und die Republik, die sie hassen, in Frankreich zu halten; eine Exekutivgewalt, die in ihrer Schwäche selbst ihre Kraft und in der Verachtung, die sie einflößt, ihre Respektabilität findet; eine Republik, die nichts anders ist als die zusammengesetzte Infamie zweier Monarchien, der Restauration und der Julimonarchie, mit einer imperialistischen Etikette – Verbindungen, deren erste Klausel die Trennung, Kämpfe, deren erstes Gesetz die Entscheidungslosigkeit ist, im Namen der Ruhe wüste, inhaltslose Agitation, im Namen der Revolution feierlichstes Predigen der Ruhe, Leidenschaften ohne Wahrheit, Wahrheiten ohne Leidenschaft, Helden ohne Heldentaten, Geschichte ohne Ereignisse; Entwickelung, deren einzige Triebkraft der Kalender scheint, durch beständige Wiederholung derselben Spannungen und Abspannungen ermüdend; Gegensätze, die sich selbst periodisch nur auf die Höhe zu treiben scheinen, um sich abzustumpfen und zusammenzufallen, ohne sich auflösen zu können; prätentiös zur Schau getragene Anstrengungen und bürgerliche Schrecken vor der Gefahr des Weltunterganges, und von den Weltrettern gleichzeitig die kleinlichsten Intrigen und Hofkomödien gespielt, die in ihrem laisser-aller weniger an den Jüngsten Tag als an die Zeiten der Fronde[52] erinnern – das offizielle Gesamtgenie Frankreichs von der pfiffigen Dummheit eines einzelnen Individuums zuschanden gemacht; der Gesamtwille der Nation, sooft er im allgemeinen Wahlrecht spricht; in den verjährten Feinden der Masseninteressen seinen entsprechenden Ausdruck suchend, bis er ihn endlich in dem Eigenwillen eines Flibustiers findet. Wenn irgendein Geschichtsausschnitt grau in grau gemalt ist[53], so ist es dieser. Menschen und Ereignisse erscheinen als umgekehrte Schlemihle, als Schatten, denen der Körper abhanden gekommen ist. Die Revolution selbst paralysiert ihre eigenen Träger und stattet nur ihre Gegner mit leidenschaftlicher Gewaltsamkeit aus. Wenn das »rote Gespenst«, von den Kontrerevolutionären beständig heraufbeschworen und gebannt[54], endlich erscheint, so erscheint es nicht mit anarchistischer Phrygiermütze auf dem Kopfe, sondern in der Uniform der Ordnung, in *roten Plumphosen.*

Wir haben gesehen: Das Ministerium, das Bonaparte am 20. Dezember 1848, am Tage seiner Himmelfahrt[37], installierte, war ein Ministerium der Ordnungspartei, der legitimistischen und orleanistischen Koalition. Dies Ministerium Barrot-Falloux hatte die republikanische Konstituante, deren Lebensdauer es mehr oder minder gewaltsam abkürzte, überwintert und befand sich noch am Ruder. Changarnier, der General der verbündeten Royalisten, vereinigte fortwährend in seiner Person das Generalkommando der ersten Militärdivision und der Pariser Nationalgarde. Die allgemeinen Wahlen endlich hatten der Ordnungspartei die große Majorität in der Nationalversammlung gesichert. Hier begegneten die Deputierten und Pairs Louis-Philippes einer heiligen Schar von Legitimisten, für welche zahlreiche Wahlzettel der Nation sich in Eintrittskarten auf die politische Bühne verwandelt hatten. Die bonapartistischen Volksrepräsentanten waren zu dünn gesät, um eine selbständige parlamentarische Partei bilden zu können. Sie erschienen nur als mauvaise queue[1] der Ordnungspartei. So war die Ordnungspartei im Besitz der Regierungsgewalt, der Armee und des gesetzgebenden Kör-

[1] übles Anhängsel

pers, kurz der Gesamtmacht des Staats, moralisch gekräftigt durch die allgemeinen Wahlen, die ihre Herrschaft als den Willen des Volkes erscheinen ließen, und durch den gleichzeitigen Sieg der Kontrerevolution auf dem gesamten europäischen Kontinent.

Nie eröffnete eine Partei mit größern Mitteln und unter günstigern Auspizien ihren Feldzug.

Die schiffbrüchigen *reinen Republikaner* fanden sich in der gesetzgebenden Nationalversammlung auf eine Clique von ungefähr 50 Mann zusammengeschmolzen, an ihrer Spitze die afrikanischen Generale Cavaignac, Lamoricière, Bedeau. Die große Oppositionspartei aber wurde gebildet durch die *Montagne*. Diesen parlamentarischen Taufnamen hatte sich die *sozial-demokratische* Partei gegeben. Sie verfügte über mehr als 200 von den 750 Stimmen der Nationalversammlung und war daher wenigstens ebenso mächtig als irgendeine der drei Fraktionen der Ordnungspartei für sich genommen. Ihre relative Minorität gegen die gesamte royalistische Koalition schien durch besondere Umstände aufgewogen. Nicht nur zeigten die Departementswahlen, daß sie einen bedeutenden Anhang unter der Landbevölkerung gewonnen hatte. Sie zählte beinahe alle Deputierten von Paris unter sich, die Armee hatte durch die Wahl von drei Unteroffizieren[55] ein demokratisches Glaubensbekenntnis abgelegt, und der Chef der Montagne, Ledru-Rollin, war im Unterschiede von allen Repräsentanten der Ordnungspartei in den parlamentarischen Adelstand erhoben worden durch fünf Departements, die ihre Stimmen auf ihn vereinigt. Die Montagne schien also am 28. Mai 1849, bei den unvermeidlichen Kollisionen der Royalisten unter sich und der gesamten Ordnungspartei mit Bonaparte, alle Elemente des Erfolgs vor sich zu haben. Vierzehn Tage später hatte sie alles verloren, die Ehre eingerechnet.[56]

Ehe wir der parlamentarischen Geschichte weiter folgen, sind einige Bemerkungen nötig, um gewöhnliche Täuschungen über den ganzen Charakter der Epoche, die uns vorliegt, zu vermeiden. In der demokratischen Manier zu sehn, handelt es sich während der Periode der gesetzgebenden Nationalversammlung, um was es sich in der Periode der konstituierenden handelte, um den einfachen Kampf zwischen Republikanern und Royalisten. Die Bewegung selbst aber fassen sie in *ein* Stichwort zusammen: *»Reaktion«*, Nacht, worin alle Katzen grau sind und die ihnen erlaubt, ihre nachtwächterlichen Gemeinplätze abzuleiern. Und allerdings, auf den ersten Blick zeigt die Ordnungspartei einen Knäuel von verschiedenen royalistischen Fraktionen, die nicht nur gegeneinander intrigieren, um jede ihren eignen Prätendenten auf den Thron zu erheben und den Prätendenten der Gegenpartei auszuschließen, sondern auch sich alle vereinigen in gemeinschaftlichem Haß und gemeinschaftlichen Angriffen gegen die »Republik«. Die Montagne ihrerseits erscheint im Gegensatze zu dieser royalistischen Konspiration als Vertreterin der »Republik«. Die Ordnungspartei erscheint beständig beschäftigt mit der »Reaktion«, die sich nicht mehr, nicht minder wie in Preußen gegen Presse, Assoziation u. dgl. richtet und in brutalen Polizeieinmischungen der Bürokratie, der Gendarmerie und der Parkette[1] sich vollstreckt wie in Preußen. Die »Montagne« ihrerseits wieder ist ebenso fortwährend beschäftigt, diese Angriffe abzuwehren und so die »ewigen Menschenrechte« zu verteidigen, wie jede sogenannte Volkspartei mehr oder minder seit anderthalb Jahrhunderten getan hat. Vor einer näheren Betrachtung der Situation und der Parteien verschwindet indes dieser oberflächliche Schein, der den *Klassenkampf* und die eigentümliche Physiognomie dieser Periode verschleiert.

Legitimisten und Orleanisten bildeten, wie gesagt, die zwei großen Fraktionen der Ordnungspartei. Was diese Fraktionen an ihren Prätendenten festhielt und sie wechselseitig auseinanderhielt, war es nichts andres als Lilie und Trikolore, Haus Bourbon und Haus Orléans, verschiedene Schattierungen des Royalismus? Unter den Bourbonen hatte das *große Grundeigentum* regiert mit seinen Pfaffen und Lakaien, unter den

[1] Gerichtshöfe

Orléans die hohe Finanz, die große Industrie, der große Handel, d. h. *das Kapital* mit seinem Gefolge von Advokaten, Professoren und Schönrednern. Das legitime Königtum war bloß der politische Ausdruck für die angestammte Herrschaft der Herren von Grund und Boden, wie die Julimonarchie nur der politische Ausdruck für die usurpierte Herrschaft der bürgerlichen Parvenüs. Was also diese Fraktionen auseinanderhielt, es waren keine sogenannten Prinzipien, es waren ihre materiellen Existenzbedingungen, zwei verschiedene Arten des Eigentums, es war der alte Gegensatz von Stadt und Land, die Rivalität zwischen Kapital und Grundeigentum. Daß gleichzeitig alte Erinnerungen, persönliche Feindschaften, Befürchtungen und Hoffnungen, Vorurteile und Illusionen, Sympathien und Antipathien, Überzeugungen, Glaubensartikel und Prinzipien sie an das eine oder das andre Königshaus banden, wer leugnet es? Auf den verschiedenen Formen des Eigentums, auf den sozialen Existenzbedingungen erhebt sich ein ganzer Überbau verschiedener und eigentümlich gestalteter Empfindungen, Illusionen, Denkweisen und Lebensanschauungen. Die ganze Klasse schafft und gestaltet sie aus ihren materiellen Grundlagen heraus und aus den entsprechenden gesellschaftlichen Verhältnissen. Das einzelne Individuum, dem sie durch Tradition und Erziehung zufließen, kann sich einbilden, daß sie die eigentlichen Bestimmungsgründe und den Ausgangspunkt seines Handelns bilden. Wenn Orleanisten, Legitimisten, jede Fraktion sich selbst und der andern vorzureden suchte, daß die Anhänglichkeit an ihre zwei Königshäuser sie trenne, bewies später die Tatsache, daß vielmehr ihr gespaltenes Interesse die Vereinigung der zwei Königshäuser verbot. Und wie man im Privatleben unterscheidet zwischen dem, was ein Mensch von sich meint und sagt, und dem, was er wirklich ist und tut, so muß man noch mehr in geschichtlichen Kämpfen die Phrasen und Einbildungen der Parteien von ihrem wirklichen Organismus und ihren wirklichen Interessen, ihre Vorstellung von ihrer Realität unterscheiden. Orleanisten und Legitimisten fanden sich in der

Republik nebeneinander mit gleichen Ansprüchen. Wenn jede Seite gegen die andre die *Restauration* ihres *eignen* Königshauses durchsetzen wollte, so hieß das nichts andres, als daß die *zwei großen Interessen,* worin die *Bourgeoisie* sich spaltet — Grundeigentum und Kapital —, jedes seine eigne Suprematie und die Unterordnung des andern zu restaurieren suchte. Wir sprechen von zwei Interessen der Bourgeoisie, denn das große Grundeigentum, trotz seiner feudalen Koketterie und seines Racenstolzes, war durch die Entwicklung der modernen Gesellschaft vollständig verbürgerlicht. So haben die Tories in England sich lange eingebildet, daß sie für das Königtum, die Kirche und die Schönheiten der altenglischen Verfassung schwärmten, bis der Tag der Gefahr ihnen das Geständnis entriß, daß sie nur für die *Grundrente* schwärmen.[57]

Die koalisierten Royalisten spielten ihre Intrige gegeneinander in der Presse, in Ems, in Claremont[58], außerhalb des Parlaments. Hinter den Kulissen zogen sie ihre alten orleanistischen und legitimistischen Livreen wieder an und führten ihre alten Turniere wieder auf. Aber auf der öffentlichen Bühne, in ihren Haupt- und Staatsaktionen, als große parlamentarische Partei, fertigen sie ihre respektiven Königshäuser mit bloßen Reverenzen ab und vertagen die Restauration der Monarchie in infinitum. Sie verrichten ihr wirkliches Geschäft als *Partei der Ordnung,* d. h. unter einem *gesellschaftlichen,* nicht unter einem *politischen* Titel, als Vertreter der bürgerlichen Weltordnung, nicht als Ritter fahrender Prinzessinnen, als Bourgeoisklasse gegenüber andern Klassen, nicht als Royalisten gegenüber den Republikanern. Und als Partei der Ordnung haben sie eine unumschränktere und härtere Herrschaft über die andern Klassen der Gesellschaft ausgeübt als je zuvor unter der Restauration oder unter der Julimonarchie, wie sie überhaupt nur unter der Form der parlamentarischen Republik möglich war, denn nur unter dieser Form konnten die zwei großen Abteilungen der französischen Bourgeoisie sich vereinigen, als die Herrschaft ihrer Klasse statt des Regimes einer privilegierten Fraktion derselben auf die Tagesordnung setzen.

Wenn sie trotzdem auch als Partei der Ordnung die Republik insultieren und ihren Widerwillen gegen sie aussprechen, so geschah das nicht nur aus royalistischer Erinnerung. Es lehrte sie der Instinkt, daß die Republik zwar ihre politische Herrschaft vollendet, aber zugleich deren gesellschaftliche Grundlage unterwühlt, indem sie nun ohne Vermittlung, ohne den Versteck der Krone, ohne das nationale Interesse durch ihre untergeordneten Kämpfe untereinander und mit dem Königtum ableiten zu können, den unterjochten Klassen gegenüberstehn und mit ihnen ringen müssen. Es war Gefühl der Schwäche, das sie vor den reinen Bedingungen ihrer eignen Klassenherrschaft zurückbeben und sich nach den unvollständigern, unentwickelteren und eben darum gefahrloseren Formen derselben zurücksehnen ließ. Sooft die koalisierten Royalisten dagegen in Konflikt mit dem Prätendenten geraten, der ihnen gegenübersteht, mit Bonaparte, sooft sie ihre parlamentarische Allmacht von der Exekutivgewalt gefährdet glauben, sooft sie also den politischen Titel ihrer Herrschaft herauskehren müssen, treten sie als *Republikaner* auf und nicht als *Royalisten*, von dem Orleanisten Thiers, der die Nationalversammlung warnt, daß die Republik sie am wenigsten trenne[59], bis auf den Legitimisten Berryer, der am 2. Dezember 1851, die dreifarbige Schärpe umgewunden, das vor dem Mairiegebäude des zehnten Arrondissements versammelte Volk als Tribun im Namen der Republik harangiert. Allerdings ruft ihm das Echo spottend zurück: Henri V! Henri V!

Der koalisierten Bourgeoisie gegenüber hatte sich eine Koalition zwischen Kleinbürgern und Arbeitern gebildet, die sogenannte *sozial-demokratische* Partei. Die Kleinbürger sahen sich nach den Junitagen 1848 schlecht belohnt, ihre materiellen Interessen gefährdet und die demokratischen Garantien, die ihnen die Geltendmachung dieser Interessen sichern sollten, von der Kontrerevolution in Frage gestellt. Sie näherten sich daher den Arbeitern. Ihre parlamentarische Repräsentation andrerseits, die *Montagne*, während der

Diktatur der Bourgeois-Republikaner beiseite geschoben, hatte in der letzten Lebenshälfte der Konstituante durch den Kampf mit Bonaparte und den royalistischen Ministern ihre verlorene Popularität wiedererobert. Sie hatte mit den sozialistischen Führern eine Allianz geschlossen. Februar 1849 wurden Versöhnungsbankette gefeiert. Ein gemeinschaftliches Programm wurde entworfen, gemeinschaftliche Wahlkomitees wurden gestiftet und gemeinschaftliche Kandidaten aufgestellt. Den sozialen Forderungen des Proletariats ward die revolutionäre Pointe abgebrochen und eine demokratische Wendung gegeben, den demokratischen Ansprüchen des Kleinbürgertums die bloß politische Form abgestreift und ihre sozialistische Pointe herausgekehrt. So entstand die *Sozial-Demokratie*. Die neue *Montagne*, das Ergebnis dieser Kombination, enthielt, einige Figuranten aus der Arbeiterklasse und einige sozialistische Sektierer abgerechnet, dieselben Elemente wie die alte Montagne, nur numerisch stärker. Aber im Laufe der Entwicklung hatte sie sich verändert mit der Klasse, die sie vertrat. Der eigentümliche Charakter der Sozial-Demokratie faßt sich dahin zusammen, daß demokratisch-republikanische Institutionen als Mittel verlangt werden, nicht um zwei Extreme, Kapital und Lohnarbeit, beide aufzuheben, sondern um ihren Gegensatz abzuschwächen und in Harmonie zu verwandeln. Wie verschiedene Maßregeln zur Erreichung dieses Zweckes vorgeschlagen werden mögen, wie sehr er mit mehr oder minder revolutionären Vorstellungen sich verbrämen mag, der Inhalt bleibt derselbe. Dieser Inhalt ist die Umänderung der Gesellschaft auf demokratischem Wege, aber eine Umänderung innerhalb der Grenzen des Kleinbürgertums. Man muß sich nur nicht die borniert Vorstellung machen, als wenn das Kleinbürgertum prinzipiell ein egoistisches Klasseninteresse durchsetzen wolle. Es glaubt vielmehr, daß die *besondern* Bedingungen seiner Befreiung die *allgemeinen* Bedingungen sind, innerhalb deren allein die moderne Gesellschaft gerettet und der Klassenkampf vermieden werden kann. Man muß sich ebensowenig vorstellen, daß die demokratischen Repräsentanten nun alle shopkeepers[1] sind oder für dieselben schwärmen. Sie können ihrer Bildung und ihrer individuellen Lage nach himmelweit von ihnen getrennt sein. Was sie zu Vertretern des Kleinbürgers macht, ist, daß sie im Kopfe nicht über die Schranken hinauskommen, worüber jener nicht im Leben hinauskommt, daß sie daher zu denselben Aufgaben und Lösungen theoretisch getrieben werden, wohin jenen das materielle Interesse und die gesellschaftliche Lage praktisch treiben. Dies ist überhaupt das Verhältnis der *politischen* und *literarischen Vertreter* einer Klasse zu der Klasse, die sie vertreten.

Nach der gegebenen Auseinandersetzung versteht sich von selbst, daß, wenn die Montagne mit der Ordnungspartei fortwährend um die Republik und die sogenannten Menschenrechte ringt, weder die Republik noch die Menschenrechte ihr letzter Zweck sind, sowenig wie eine Armee, die man ihrer Waffen berauben will und die sich zur Wehr setzt, auf den Kampfplatz getreten ist, um im Besitz ihrer eignen Waffen zu bleiben.

Die Partei der Ordnung provozierte gleich beim Zusammentritt der Nationalversammlung die Montagne. Die Bourgeoisie fühlte jetzt die Notwendigkeit, mit den demokratischen Kleinbürgern fertig zu werden, wie sie ein Jahr vorher die Notwendigkeit begriffen hatte, mit dem revolutionären Proletariat zu enden. Nur war die Situation des Gegners eine verschiedene. Die Stärke der proletarischen Partei war auf der Straße, die der Kleinbürger in der Nationalversammlung selbst. Es galt also, sie aus der Nationalversammlung auf die Straße zu locken und sie selbst ihre parlamentarische Macht zerbrechen zu lassen, ehe Zeit und Gelegenheit sie konsolidieren konnten. Die Montagne sprengte mit verhängtem Zügel in die Falle.

Das Bombardement Roms durch die französischen Truppen[60] war der Köder, der ihr hingeworfen wurde. Es verletzte Artikel V der Konstitution, der der Französischen Republik

[1] Krämer

untersagt, ihre Streitkräfte gegen die Freiheiten eines andern Volks zu verwenden. Zudem verbot auch Artikel IV jede Kriegserklärung von seiten der Exekutivgewalt ohne Zustimmung der Nationalversammlung, und die Konstituante hatte durch ihren Beschluß vom 8. Mai die römische Expedition mißbilligt. Auf diese Gründe hin deponierte Ledru-Rollin am 11. Juni 1849 einen Anklageakt gegen Bonaparte und seine Minister. Durch die Wespenstiche von Thiers aufgereizt, ließ er sich sogar zu der Drohung fortreißen, die Konstitution mit allen Mitteln verteidigen zu wollen, selbst mit den Waffen in der Hand. Die Montagne erhob sich wie *ein* Mann und wiederholte diesen Waffenruf. Am 12. Juni verwarf die Nationalversammlung den Anklageakt, und die Montagne verließ das Parlament. Die Ereignisse des 13. Juni sind bekannt: die Proklamation eines Teils der Montagne, wodurch Bonaparte und seine Minister »außerhalb der Konstitution« erklärt wurden[61]; die Straßenprozession der demokratischen Nationalgarden, die waffenlos, wie sie waren, bei dem Zusammentreffen mit den Truppen Changarniers auseinanderstoben usw. usw. Ein Teil der Montagne flüchtete ins Ausland, ein anderer wurde dem Hochgericht in Bourges überwiesen, und ein parlamentarisches Reglement unterwarf den Rest der schulmeisterlichen Aufsicht des Präsidenten der Nationalversammlung.[62] Paris wurde wieder in Belagerungszustand versetzt und der demokratische Teil seiner Nationalgarde aufgelöst. So war der Einfluß der Montagne im Parlament und die Macht der Kleinbürger in Paris gebrochen.

Lyon, wo der 13. Juni das Signal zu einem blutigen Arbeiteraufstand gegeben hatte[63], wurde mit den fünf umliegenden Departements ebenfalls in Belagerungszustand erklärt, ein Zustand, der bis auf diesen Augenblick fortdauert.

Das Gros der Montagne hatte seine Avantgarde im Stiche gelassen, indem es ihrer Proklamation die Unterschriften verweigerte. Die Presse war desertiert, indem nur zwei Journale¹ das Pronunziamento zu veröffentlichen wagten. Die Klein-

»La Réforme« und »La Démocratie pacifique«

bürger verrieten ihre Repräsentanten, indem die Nationalgarden ausblieben oder, wo sie erschienen, den Barrikadenbau verhinderten. Die Repräsentanten hatten die Kleinbürger düpiert, indem die angeblichen Affiliierten von der Armee nirgends zu erblicken waren. Endlich, statt von ihm Kraftzuschuß zu gewinnen, hatte die demokratische Partei das Proletariat mit ihrer eignen Schwäche angesteckt, und, wie gewöhnlich bei demokratischen Hochtaten, hatten die Führer die Genugtuung, ihr »Volk« der Desertion, und das Volk die Genugtuung, seine Führer der Prellerei beschuldigen zu können.

Selten war eine Aktion mit größerem Geräusch verkündet worden als der bevorstehende Feldzug der Montagne, selten ein Ereignis mit mehr Sicherheit und länger vorher austrompetet als der unvermeidliche Sieg der Demokratie. Ganz gewiß: Die Demokraten glauben an die Posaunen, vor deren Stößen die Mauern Jerichos einstürzten.[64] Und sooft sie den Wällen des Despotismus gegenüberstehn, suchen sie das Wunder nachzumachen. Wenn die Montagne im Parlamente siegen wollte, durfte sie nicht zu den Waffen rufen. Wenn sie im Parlamente zu den Waffen rief, durfte sie sich auf der Straße nicht parlamentarisch verhalten. Wenn die friedliche Demonstration ernst gemeint war, so war es albern, nicht vorherzusehn, daß sie kriegerisch empfangen werden würde. Wenn es auf den wirklichen Kampf abgesehn war, so war es originell, die Waffen abzulegen, mit denen er geführt werden mußte. Aber die revolutionären Drohungen der Kleinbürger und ihrer demokratischen Vertreter sind bloße Einschüchterungsversuche des Gegners. Und wenn sie sich in eine Sackgasse verrannt, wenn sie sich hinlänglich kompromittiert haben, um zur Ausführung ihrer Drohungen gezwungen zu sein, so geschieht es in einer zweideutigen Weise, die nicht mehr vermeidet als die Mittel zum Zwecke und nach Vorwänden zum Unterliegen hascht. Die schmetternde Ouvertüre, die den Kampf verkündete, verliert sich in ein kleinlautes Knurren, sobald er beginnen soll, die Schauspieler hören auf, sich au sérieux[1] zu nehmen, und die Handlung fällt platt zusammen wie ein luftgefüllter Ballon, den man mit einer Nadel pickt.

Keine Partei übertreibt sich mehr ihre Mittel als die demokratische, keine täuscht sich leichtsinniger über die Situation. Wenn ein Teil der Armee für sie gestimmt hatte, war die Montagne nun auch überzeugt, daß die Armee für sie revoltieren werde. Und bei welchem Anlasse? Bei einem Anlasse, der vom Standpunkt der Truppen keinen andern Sinn hatte, als daß die Revolutionäre für die römischen Soldaten gegen die französischen Soldaten Partei ergriffen. Andrerseits waren die Erinnerungen an den Juni 1848 noch zu frisch, als daß nicht eine tiefe Abneigung des Proletariats gegen die Nationalgarde und ein durchgreifendes Mißtrauen der Chefs der geheimen Gesellschaften gegen die demokratischen Chefs existieren mußten. Um diese Differenzen auszugleichen, dazu bedurfte es großer gemeinschaftlicher Interessen, die auf dem Spiele standen. Die Verletzung eines abstrakten Verfassungsparagraphen konnte das Interesse nicht bieten. War die Verfassung nicht schon wiederholt verletzt worden nach der Versicherung der Demokraten selbst? Hatten die populärsten Journale sie nicht als ein kontrerevolutionäres Machwerk gebrandmarkt? Aber der Demokrat, weil er das Kleinbürgertum vertritt, als eine *Übergangsklasse*, worin die Interessen zweier Klassen sich zugleich abstumpfen, dünkt sich über den Klassengegensatz überhaupt erhaben. Die Demokraten geben zu, daß eine privilegierte Klasse ihnen gegenübersteht, aber sie mit der ganzen übrigen Umgebung der Nation bilden das *Volk*. Was sie vertreten, ist das *Volksrecht;* was sie interessiert, ist das *Volksinteresse*. Sie brauchen daher bei einem bevorstehenden Kampfe die Interessen und Stellungen der verschiedenen Klassen nicht zu prüfen. Sie brauchen ihre eigenen Mittel nicht allzu bedenklich abzuwägen. Sie haben eben nur das Signal zu geben, damit das *Volk* mit allen seinen unerschöpflichen Ressourcen über die *Dränger* herfalle. Stellen sich nun in der Ausführung ihre Interessen als uninteressant und ihre Macht

[1] ernst

als Ohnmacht heraus, so liegt das entweder an verderblichen Sophisten, die das *unteilbare Volk* in verschiedene feindliche Lager spalten, oder die Armee war zu vertiert und zu verblendet, um die reinen Zwecke der Demokratie als ihr eignes Beste zu begreifen, oder an einem Detail der Ausführung ist das Ganze gescheitert, oder aber ein unvorhergesehener Zufall hat für diesmal die Partie vereitelt. Jedenfalls geht der Demokrat ebenso makellos aus der schmählichsten Niederlage heraus, wie er unschuldig in sie hineingegangen ist, mit der neugewonnenen Überzeugung, daß er siegen muß, nicht daß er selbst und seine Partei den alten Standpunkt aufzugeben, sondern umgekehrt, daß die Verhältnisse ihm entgegenzureifen haben.

Man muß sich daher die dezimierte, gebrochene und durch das neue parlamentarische Reglement gedemütigte Montagne nicht gar zu unglücklich vorstellen. Wenn der 13. Juni ihre Chefs beseitigt hatte, so macht er andrerseits untergeordneteren Kapazitäten Platz, denen diese neue Stellung schmeichelt. Wenn ihre Machtlosigkeit im Parlamente nicht mehr bezweifelt werden konnte, so waren sie nun auch berechtigt, ihre Tat auf Ausbrüche sittlicher Entrüstung und polternde Deklamation zu beschränken. Wenn die Ordnungspartei in ihnen als den letzten offiziellen Repräsentanten der Revolution alle Schrecken der Anarchie verkörpert zu sehn vorgab, so konnten sie in der Wirklichkeit desto platter und bescheidener sein. Über den 13. Juni aber vertrösteten sie sich mit der tiefen Wendung: Aber wenn man das allgemeine Wahlrecht anzugreifen wagt, aber dann! Dann werden wir zeigen, wer wir sind. Nous verrons.[1]

Was die ins Ausland geflüchteten Montagnards betrifft, so genügt es hier zu bemerken, daß Ledru-Rollin, weil es ihm gelungen war, in kaum zwei Wochen die mächtige Partei, an deren Spitze er stand, rettungslos zu ruinieren, sich nun berufen fand, eine französische Regierung in partibus[20] zu bilden; daß seine Figur, in der Ferne, vom Boden der Aktion

[1] Wir werden sehen.

weggehoben, im Maßstab als das Niveau der Revolution sank und die offiziellen Größen des offiziellen Frankreichs zwerghafter wurden, an Größe zu wachsen schien; daß er als republikanischer Prätendent für 1852 figurieren konnte, daß er periodische Rundschreiben an die Walachen und andere Völker erließ, worin den Despoten des Kontinents mit seinen und seiner Verbündeten Taten gedroht wird. Hatte Proudhon ganz unrecht, wenn er diesen Herren zurief: »Vous n'êtes que des blagueurs«[1]?[65]

Die Ordnungspartei hatte am 13. Juni nicht nur die Montagne gebrochen, sie hatte die *Unterordnung der Konstitution unter die Majoritätsbeschlüsse der Nationalversammlung* durchgesetzt. Und so verstand sie die Republik: daß die Bourgeoisie hier in parlamentarischen Formen herrsche, ohne wie in der Monarchie an dem Veto der Exekutivgewalt oder an der Auflösbarkeit des Parlaments eine Schranke zu finden. Das war die *parlamentarische Republik*, wie Thiers sie nannte.[66] Aber wenn die Bourgeoisie am 13. Juni ihre Allmacht innerhalb des Parlamentsgebäudes sicherte, schlug sie nicht das Parlament selbst, der Exekutivgewalt und dem Volke gegenüber, mit unheilbarer Schwäche, indem sie den populärsten Teil desselben ausstieß? Indem sie zahlreiche Deputierte ohne weitere Zeremonien der Requisition der Parkette preisgab, hob sie ihre eigne parlamentarische Unverletzlichkeit auf. Das demütigende Reglement, dem sie die Montagne unterwarf, erhöht in demselben Maße den Präsidenten der Republik, als es den einzelnen Repräsentanten des Volks herabdrückt. Indem sie die Insurrektion zum Schutz der konstitutionellen Verfassung als anarchische, auf den Umsturz der Gesellschaft abzweckende Tat brandmarkt, verbot sie sich selbst den Appell an die Insurrektion, sobald die Exekutivgewalt ihr gegenüber die Verfassung verletzen würde. Und die Ironie der Geschichte will, daß der General, der im Auftrage Bonapartes Rom bombardiert und so den unmittelbaren Anlaß zu der konstitutionellen Emeute vom 13. Juni gegeben hat, daß

[1] »Ihr seid nichts als Aufschneider«

Oudinot am 2. Dezember 1851 dem Volke von der Ordnungspartei flehentlich und vergeblich als General der Konstitution gegen Bonaparte angeboten werden muß. Ein andrer Held des 13. Juni, *Vieyra*, der von der Tribüne der Nationalversammlung Lob einerntet für die Brutalitäten, die er in demokratischen Zeitungslokalen an der Spitze einer der hohen Finanz angehörigen Rotte von Nationalgarden verübt hatte, dieser selbe Vieyra war in die Verschwörung Bonapartes eingeweiht und trug wesentlich dazu bei, in ihrer Todesstunde der Nationalversammlung jeden Schutz von seiten der Nationalgarde abzuschneiden.

Der 13. Juni hatte noch einen andern Sinn. Die Montagne hatte Bonapartes Versetzung in Anklagezustand ertrotzen wollen. Ihre Niederlage war also ein direkter Sieg Bonapartes, sein persönlicher Triumph über seine demokratischen Feinde. Die Partei der Ordnung erfocht den Sieg, Bonaparte hatte ihn nur einzukassieren. Er tat es. Am 14. Juni war eine Proklamation an den Mauern von Paris zu lesen, worin der Präsident, gleichsam ohne sein Zutun, widerstrebend, durch die bloße Macht der Ereignisse gezwungen, aus seiner klösterlichen Abgeschiedenheit hervortritt, als verkannte Tugend über die Verleumdungen seiner Widersacher klagt, und während er seine Person mit der Sache der Ordnung zu identifizieren scheint, vielmehr die Sache der Ordnung mit seiner Person identifiziert. Zudem hatte die Nationalversammlung die Expedition gegen Rom zwar nachträglich gebilligt, aber Bonaparte hatte die Initiative dazu ergriffen. Nachdem er den Hohepriester Samuel in den Vatikan wieder eingeführt, konnte er hoffen, als König David die Tuilerien zu beziehen.[67] Er hatte die Pfaffen gewonnen.

Die Emeute vom 13. Juni beschränkte sich, wie wir gesehn, auf eine friedliche Straßenprozession. Es waren also keine kriegerischen Lorbeeren gegen sie zu gewinnen. Nichtsdestoweniger, in dieser helden- und ereignisarmen Zeit verwandelte die Ordnungspartei diese Schlacht ohne Blutvergießen in ein zweites Austerlitz[68]. Tribüne und Presse priesen die

Armee als die Macht der Ordnung gegenüber den Volksmassen als der Ohnmacht der Anarchie und den Changarnier als das »Bollwerk der Gesellschaft«. Mystifikation, an die er schließlich selbst glaubte. Unterderhand aber wurden die Korps, die zweideutig schienen, aus Paris verlegt, die Regimenter, deren Wahlen am demokratischsten ausgefallen waren, aus Frankreich nach Algier verbannt, die unruhigen Köpfe unter den Truppen in Strafabteilungen verwiesen, endlich die Absperrung der Presse von der Kaserne und der Kaserne von der bürgerlichen Gesellschaft systematisch durchgeführt.

Wir sind hier bei dem entscheidenden Wendepunkt in der Geschichte der französischen Nationalgarde angelangt. 1830 hatte sie den Sturz der Restauration entschieden. Unter Louis-Philippe mißglückte jede Emeute, worin die Nationalgarde auf Seite der Truppen stand. Als sie in den Februartagen 1848 sich passiv gegen den Aufstand und zweideutig gegen Louis-Philippe zeigte, gab er sich verloren. So schlug die Überzeugung Wurzel, daß die Revolution nicht *ohne* und die Armee nicht *gegen* die Nationalgarde siegen könne. Es war dies der Aberglaube der Armee an die bürgerliche Allmacht. Die Junitage 1848, wo die gesamte Nationalgarde mit den Linientruppen die Insurrektion niederwarf, hatten den Aberglauben befestigt. Nach Bonapartes Regierungsantritt sank die Stellung der Nationalgarde einigermaßen durch die konstitutionswidrige Vereinigung ihres Kommandos mit dem Kommando der ersten Militärdivision in der Person Changarniers.

Wie das Kommando über die Nationalgarde hier als ein Attribut des militärischen Oberbefehlshabers erschien, so sie selbst nur noch als Anhang der Linientruppen. Am 13. Juni endlich wurde sie gebrochen: nicht nur durch ihre teilweise Auflösung, die sich seit dieser Zeit periodisch an allen Punkten Frankreichs wiederholte und nur Trümmer von ihr zurückließ. Die Demonstration des 13. Juni war vor allem eine Demonstration der demokratischen Nationalgarden. Sie hatten zwar nicht ihre Waffen, wohl aber ihre Uniformen der Armee ge-

genübergeführt, aber gerade in dieser Uniform saß der Talisman. Die Armee überzeugte sich, daß diese Uniform ein wollener Lappen wie ein andrer war. Der Zauber ging verloren. In den Junitagen 1848 waren Bourgeoisie und Kleinbürgertum als Nationalgarde mit der Armee gegen das Proletariat vereinigt, am 13. Juni 1849 ließ die Bourgeoisie die kleinbürgerliche Nationalgarde durch die Armee auseinandersprengen, am 2. Dezember 1851 war die Nationalgarde der Bourgeoisie selbst verschwunden, und Bonaparte konstatierte nur dies Faktum, als er nachträglich ihr Auflösungsdekret unterschrieb. So hatte die Bourgeoisie selbst ihre letzte Waffe gegen die Armee zerbrochen, von dem Augenblicke, wo das Kleinbürgertum nicht mehr als Vasall hinter, sondern als Rebell vor ihr stand, wie sie überhaupt alle ihre Verteidigungsmittel gegen den Absolutismus mit eigner Hand zerstören mußte, sobald sie selbst absolut geworden war.

Die Ordnungspartei feierte unterdes die Wiedereroberung einer Macht, die 1848 nur verloren schien, um 1849 von ihren Schranken befreit wiedergefunden zu werden, durch Invektiven gegen die Republik und die Konstitution, durch Verfluchung aller zukünftigen, gegenwärtigen und vergangenen Revolutionen, die eingerechnet, welche ihre eignen Führer gemacht hatten, und in Gesetzen, wodurch die Presse geknebelt, die Assoziation vernichtet und der Belagerungszustand als organisches Institut reguliert wurde. Die Nationalversammlung vertagte sich dann von Mitte August bis Mitte Oktober, nachdem sie eine Permanenzkommission für die Zeit ihrer Abwesenheit ernannt hatte.[69] Während dieser Ferien intrigierten die Legitimisten mit Ems, die Orleanisten mit Claremont, Bonaparte durch prinzliche Rundreisen und die Departementalräte in Beratungen über die Revision der Verfassung — Vorfälle, die in den periodischen Ferien der Nationalversammlung regelmäßig wiederkehren und auf die ich erst eingehen will, sobald sie zu Ereignissen werden. Hier sei nur noch bemerkt, daß die Nationalversammlung unpolitisch handelte, als sie für längere Intervalle von der Bühne verschwand und auf der Spitze der Republik nur noch *eine,* wenn auch klägliche Gestalt erblicken ließ, die Louis Bonapartes, während die Partei der Ordnung zum Skandale des Publikums in ihre royalistischen Bestandteile auseinander- und ihren sich widerstreitenden Restaurationsgelüsten nachging. Sooft während dieser Ferien der verwirrende Lärm des *Parlaments* verstummte und sein Körper sich in die Nation auflöste, zeigte sich unverkennbar, daß nur noch *eins* fehle, um die wahre Gestalt dieser Republik zu vollenden: *seine* Ferien permanent machen und *ihre* Aufschrift: liberté, égalité, fraternité ersetzen durch die unzweideutigen Worte: Infanterie, Kavallerie, Artillerie!

IV

Mitte Oktober 1849 trat die Nationalversammlung wieder zusammen. Am 1. November überraschte Bonaparte sie mit einer Botschaft, worin er die Entlassung des Ministeriums Barrot-Falloux und die Bildung eines neuen Ministeriums anzeigte. Man hat Lakaien nie mit weniger Zeremonien aus dem Dienste gejagt als Bonaparte seine Minister. Die Fußtritte, die der Nationalversammlung bestimmt waren, erhielt vorläufig Barrot u. Komp.

Das Ministerium Barrot war, wie wir gesehen haben, aus Legitimisten und Orleanisten zusammengesetzt, ein Ministerium der Ordnungspartei[22]. Bonaparte hatte desselben bedurft, um die republikanische Konstituante aufzulösen, die Expedition gegen Rom[41] zu bewerkstelligen und die demokratische Partei zu brechen. Hinter diesem Ministerium hatte er sich scheinbar eklipsiert, die Regierungsgewalt in die Hände der Ordnungspartei abgetreten und die bescheidene Charaktermaske angelegt, die unter Louis-Philippe der verantwortliche Gerant der Zeitungspresse trug, die Maske des homme de paille[1]. Jetzt warf er seine Larve weg, die nicht mehr der leichte Vorhang war, worunter er seine Physiognomie verstecken konnte, sondern die eiserne Maske, die ihn verhinderte, eine eigne Physiognomie zu zeigen. Er hatte das Ministerium Barrot eingesetzt, um im Namen der Ordnungspartei die republikanische Nationalversammlung zu sprengen; er entließ es, um seinen eignen Namen von der Nationalversammlung der Ordnungspartei unabhängig zu erklären.

An plausiblen Vorwänden zu dieser Entlassung fehlte es nicht. Das Ministerium Barrot vernachlässigte selbst die Anstandsformen, die den Präsidenten der Republik als eine Macht neben der Nationalversammlung hätten erscheinen lassen. Während der Ferien der Nationalversammlung ver-

[1] Strohmannes

öffentlichte Bonaparte einen Brief an Edgar Ney, worin er das liberale Auftreten des Papstes [Pius IX.] zu mißbilligen schien, wie er im Gegensatz zur Konstituante einen Brief veröffentlicht hatte, worin er Oudinot für den Angriff auf die Römische Republik belobte. Als nun die Nationalversammlung das Budget für die römische Expedition votierte, brachte Victor Hugo aus angeblichem Liberalismus jenen Brief zur Sprache[70]. Die Ordnungspartei erstickte den Einfall, als ob Bonapartes Einfälle irgendein politisches Gewicht haben könnten, unter verächtlich ungläubigen Ausrufungen. Keiner der Minister nahm den Handschuh für ihn auf. Bei einer andern Gelegenheit ließ Barrot mit seinem bekannten hohlen Pathos Worte der Entrüstung von der Rednerbühne auf die »abominablen Umtriebe« fallen, die nach seiner Aussage in der nächsten Umgebung des Präsidenten vorgingen. Endlich verweigerte das Ministerium, während es der Herzogin von Orléans einen Witwengehalt von der Nationalversammlung erwirkte, jeden Antrag auf Erhöhung der präsidentiellen Zivilliste. Und in Bonaparte verschmolz der kaiserliche Prätendent so innig mit dem heruntergekommenen Glücksritter, daß die eine große Idee, er sei berufen, das Kaisertum zu restaurieren, stets von der andern ergänzt ward, das französische Volk sei berufen, seine Schulden zu zahlen.

Das Ministerium Barrot-Falloux war das erste und letzte *parlamentarische Ministerium,* das Bonaparte ins Leben rief. Die Entlassung desselben bildet daher einen entscheidenden Wendepunkt. Mit ihm verlor die Ordnungspartei, um ihn nie wieder zu erobern, einen unentbehrlichen Posten für die Behauptung des parlamentarischen Regimes, die Handhabe der Exekutivgewalt. Man begreift sogleich, daß in einem Lande wie Frankreich, wo die Exekutivgewalt über ein Beamtenheer von mehr als einer halben Million von Individuen verfügt, also eine ungeheure Masse von Interessen und Existenzen beständig in der unbedingtesten Abhängigkeit erhält, wo der Staat die bürgerliche Gesellschaft von ihren umfassendsten Lebensäußerungen bis zu ihren unbedeutendsten

Regungen hinab, von ihren allgemeinsten Daseinsweisen bis zur Privatexistenz der Individuen umstrickt, kontrolliert, maßregelt, überwacht und bevormundet, wo dieser Parasitenkörper durch die außerordentlichste Zentralisation eine Allgegenwart, Allwissenheit, eine beschleunigte Bewegungsfähigkeit und Schnellkraft gewinnt, die nur in der hülflosen Unselbständigkeit, in der zerfahrenen Unförmlichkeit des wirklichen Gesellschaftskörpers ein Analogon finden, daß in einem solchen Lande die Nationalversammlung mit der Verfügung über die Ministerstellen jeden wirklichen Einfluß verloren gab, wenn sie nicht gleichzeitig die Staatsverwaltung vereinfachte, das Beamtenheer möglichst verringerte, endlich die bürgerliche Gesellschaft und die öffentliche Meinung ihre eignen von der Regierungsgewalt unabhängigen Organe erschaffen ließ. Aber das *materielle Interesse* der französischen Bourgeoisie ist gerade auf das innigste mit der Erhaltung jener breiten und vielverzweigten Staatsmaschine verwebt. Hier bringt sie ihre überschüssige Bevölkerung unter und ergänzt in der Form von Staatsgehalten, was sie nicht in der Form von Profiten, Zinsen, Renten und Honoraren einstecken kann. Andrerseits zwang ihr *politisches Interesse* sie, die Repression, also die Mittel und das Personal der Staatsgewalt, täglich zu vermehren, während sie gleichzeitig einen ununterbrochenen Krieg gegen die öffentliche Meinung führen und die selbständigen Bewegungsorgane der Gesellschaft mißtrauisch verstümmeln, lähmen mußte, wo es ihr nicht gelang, sie gänzlich zu amputieren. So war die französische Bourgeoisie durch ihre Klassenstellung gezwungen, einerseits die Lebensbedingungen einer jeden, also auch ihrer eignen parlamentarischen Gewalt zu vernichten, andrerseits die ihr feindliche Exekutivgewalt unwiderstehlich zu machen.

Das neue Ministerium hieß das Ministerium d'Hautpoul. Nicht als hätte General d'Hautpoul den Rang eines Ministerpräsidenten erhalten. Mit Barrot schaffte Bonaparte vielmehr zugleich diese Würde ab, die den Präsidenten der Republik allerdings zur legalen Nichtigkeit eines konstitutionellen Königs verdammte, aber eines konstitutionellen Königs ohne Thron und ohne Krone, ohne Zepter und ohne Schwert, ohne Unverantwortlichkeit, ohne den unverjährbaren Besitz der höchsten Staatswürde und, was das fatalste war, ohne Zivilliste. Das Ministerium d'Hautpoul besaß nur einen Mann von parlamentarischem Rufe, den Juden *Fould,* eins der berüchtigtsten Glieder der hohen Finanz. Ihm fiel das Finanzministerium anheim. Man schlage die Pariser Börsennotationen nach, und man wird finden, daß vom 1. November 1849 an die französischen Fonds steigen und fallen mit dem Steigen und Fallen der bonapartistischen Aktien. Während Bonaparte so seine Affiliierten in der Börse gefunden hatte, bemächtigte er sich zugleich der Polizei durch Carliers Ernennung zum Polizeipräfekten von Paris.

Indes konnten sich die Folgen des Ministerwechsels erst im Laufe der Entwicklung herausstellen. Zunächst hatte Bonaparte nur einen Schritt vorwärts getan, um desto augenfälliger rückwärts getrieben zu werden. Seiner barschen Botschaft folgte die servilste Untertänigkeitserklärung an die Nationalversammlung. Sooft die Minister den schüchternen Versuch wagten, seine persönlichen Marotten als Gesetzvorschläge einzubringen, schienen sie selbst nur widerwillig und durch ihre Stellung gezwungen, die komischen Aufträge zu erfüllen, von deren Erfolglosigkeit sie im voraus überzeugt waren. Sooft Bonaparte im Rücken der Minister seine Absichten ausplauderte und mit seinen »idées napoléoniennes«[47] spielte, desavouierten ihn die eignen Minister von der Tribüne der Nationalversammlung herab. Seine Usurpationsgelüste schienen nur laut zu werden, damit das schadenfrohe Gelächter seiner Gegner nicht verstumme. Er gebärdete sich als ein verkanntes Genie, das alle Welt für einen Simpel ausgibt. Nie genoß er in vollerem Maße die Verachtung aller Klassen als während dieser Periode. Nie herrschte die Bourgeoisie unbedingter, nie trug sie prahlerischer die Insignien der Herrschaft zur Schau.

Ich habe hier nicht die Geschichte ihrer gesetzgeberischen

Tätigkeit zu schreiben, die sich während dieser Periode in zwei Gesetzen resümiert: in dem Gesetze, das die *Weinsteuer* wiederherstellt, in dem *Unterrichtsgesetze,* das den Unglauben abschafft.[71] Wenn den Franzosen das Weintrinken erschwert, ward ihnen desto reichlicher vom Wasser des wahren Lebens geschenkt. Wenn die Bourgeoisie in dem Gesetze über die Weinsteuer das alte gehässige französische Steuersystem für unantastbar erklärt, suchte sie durch das Unterrichtsgesetz den alten Gemütszustand der Massen zu sichern, der es ertragen ließ. Man ist erstaunt, die Orleanisten, die liberalen Bourgeois, diese alten Apostel des Voltairianismus und der eklektischen Philosophie, ihren Stammfeinden, den Jesuiten, die Verwaltung des französischen Geistes anvertrauen zu sehn. Aber Orleanisten und Legitimisten konnten in Beziehung auf den Kronprätendenten auseinandergehn, sie begriffen, daß ihre vereinte Herrschaft die Unterdrückungsmittel zweier Epochen zu vereinigen gebot, daß die Unterjochungsmittel der Julimonarchie durch die Unterjochungsmittel der Restauration ergänzt und verstärkt werden mußten.

Die Bauern, in allen ihren Hoffnungen getäuscht, durch den niedrigen Stand der Getreidepreise einerseits, durch die wachsende Steuerlast und Hypothekenschuld andrerseits mehr als je erdrückt, begannen sich in den Departements zu regen. Man antwortete ihnen durch eine Hetzjagd auf die Schulmeister, die den Geistlichen, durch eine Hetzjagd auf die Maires, die den Präfekten, und durch ein System der Spionage, dem alle unterworfen wurden. In Paris und den großen Städten trägt die Reaktion selbst die Physiognomie ihrer Epoche und fordert mehr heraus, als sie niederschlägt. Auf dem Lande wird sie platt, gemein, kleinlich, ermüdend, plackend, mit einem Worte Gendarm. Man begreift, wie drei Jahre vom Regime des Gendarmen, eingesegnet durch das Regime des Pfaffen, unreife Massen demoralisieren mußten.

Welche Summe von Leidenschaft und Deklamation die Ordnungspartei von der Tribüne der Nationalversammlung herab gegen die Minorität aufwenden mochte, ihre Rede blieb einsilbig wie die des Christen, dessen Worte sein sollen: Ja, ja, nein, nein![72] Einsilbig von der Tribüne herab wie in der Presse. Fad wie ein Rätsel, dessen Lösung im voraus bekannt ist. Handelte es sich um Petitionsrecht oder um Weinsteuer, um Preßfreiheit oder um Freihandel, um Klubs oder um Munizipalverfassung, um Schutz der persönlichen Freiheit oder um Regelung des Staatshaushaltes, das Losungswort kehrt immer wieder, das Thema bleibt immer dasselbe, der Urteilsspruch ist immer fertig und lautet unveränderlich: »*Sozialismus!*« Für *sozialistisch* wird selbst der bürgerliche Liberalismus erklärt, für sozialistisch die bürgerliche Aufklärung, für sozialistisch die bürgerliche Finanzreform. Es war sozialistisch, eine Eisenbahn zu bauen, wo schon ein Kanal vorhanden war, und es war sozialistisch, sich mit dem Stocke zu verteidigen, wenn man mit dem Degen angegriffen wurde.

Es war dies nicht bloße Redeform, Mode, Parteitaktik. Die Bourgeoisie hatte die richtige Einsicht, daß alle Waffen, die sie gegen den Feudalismus geschmiedet, ihre Spitze gegen sie selbst kehrten, daß alle Bildungsmittel, die sie erzeugt, gegen ihre eigne Zivilisation rebellierten, daß alle Götter, die sie geschaffen, von ihr abgefallen waren. Sie begriff, daß alle sogenannten bürgerlichen Freiheiten und Fortschrittsorgane ihre *Klassenherrschaft* zugleich an der gesellschaftlichen Grundlage und an der politischen Spitze angriffen und bedrohten, also »*sozialistisch*« geworden waren. In dieser Drohung und in diesem Angriffe fand sie mit Recht das Geheimnis des Sozialismus, dessen Sinn und Tendenz sie richtiger beurteilt, als der sogenannte Sozialismus sich selbst zu beurteilen weiß, der daher nicht begreifen kann, wie die Bourgeoisie sich verstockt gegen ihn verschließt, mag er nun sentimental über die Leiden der Menschheit winseln oder christlich das Tausendjährige Reich[19] und die allgemeine Bruderliebe verkünden oder humanistisch von Geist, Bildung, Freiheit faseln oder doktrinär ein System der Vermittlung und der Wohlfahrt aller Klassen aushecken. Was sie aber nicht begriff, war die Konsequenz, daß ihr *eignes parlamentarisches Regime*, daß

Herrn Faucher, der sich diese Ehre ausbat, anvertraut wurde. Am 8. Mai brachte er das Gesetz ein, wodurch das allgemeine Wahlrecht abgeschafft, ein dreijähriges Domizil an dem Orte der Wahl den Wählern als Bedingung auferlegt, endlich der Nachweis dieses Domizils für die Arbeiter von dem Zeugnisse ihrer Arbeitgeber abhängig gemacht wurde.

Wie revolutionär die Demokraten während des konstitutionellen Wahlkampfes aufgeregt und getobt hatten, so konstitutionell predigten sie jetzt, wo es galt, mit den Waffen in der Hand den Ernst jener Wahlsiege zu beweisen, Ordnung, majestätische Ruhe (càlme majestueux), gesetzliche Haltung, d. h. blinde Unterwerfung unter den Willen der Kontrerevolution, der sich als Gesetz breitmachte. Während der Debatte beschämte der Berg die Partei der Ordnung, indem er gegen ihre revolutionäre Leidenschaftlichkeit die leidenschaftslose Haltung des Biedermanns geltend machte, der den Rechtsboden behauptet, und indem er sie mit dem furchtbaren Vorwurfe zu Boden schlug, daß sie revolutionär verfahre. Selbst die neugewählten Deputierten bemühten sich durch anständiges und besonnenes Auftreten zu beweisen, welche Verkennung es war, sie als Anarchisten zu verschreien und ihre Wahl als einen Sieg der Revolution auszulegen. Am 31. Mai ging das neue Wahlgesetz durch.[76] Die Montagne begnügte sich damit, dem Präsidenten einen Protest in die Tasche zu schmuggeln. Dem Wahlgesetz folgte ein neues Preßgesetz, wodurch die revolutionäre Zeitungspresse vollständig beseitigt wurde.[77] Sie hatte ihr Schicksal verdient. »National« und »La Presse«, zwei bürgerliche Organe, blieben nach dieser Sündflut als äußerste Vorposten der Revolution zurück.

Wir haben gesehn, wie die demokratischen Führer während März und April alles getan hatten, um das Volk von Paris in einen Scheinkampf zu verwickeln, wie sie nach dem 8. Mai alles taten, um es vom wirklichen Kampf abzuhalten. Wir dürfen zudem nicht vergessen, daß das Jahr 1850 eines der glänzendsten Jahre industrieller und kommerzieller Prosperität, also das Pariser Proletariat vollständig beschäftigt war.

Allein das Wahlgesetz vom 31. Mai 1850 schloß es von aller Teilnahme an der politischen Gewalt aus. Es schnitt ihm das Kampfterrain selbst ab. Es warf die Arbeiter in die Pariastellung zurück, die sie vor der Februarrevolution[8] eingenommen hatten. Indem sie einem solchen Ereignisse gegenüber sich von den Demokraten lenken lassen und das revolutionäre Interesse ihrer Klasse über einem augenblicklichen Wohlbehagen vergessen konnten, verzichteten sie auf die Ehre, eine erobernde Macht zu sein, unterwarfen sich ihrem Schicksale, bewiesen, daß die Niederlage vom Juni 1848 sie für Jahre kampfunfähig gemacht und daß der geschichtliche Prozeß zunächst wieder *über* ihren Köpfen vor sich gehen müsse. Was die kleinbürgerliche Demokratie betrifft, die am 13. Juni geschrien hatte: »aber wenn erst das allgemeine Wahlrecht angetastet wird, aber dann!« – so tröstete sie sich jetzt damit, daß der kontrerevolutionäre Schlag, der sie getroffen, kein Schlag und das Gesetz vom 31. Mai kein Gesetz sei. Am zweiten [Sonntag des Monats] Mai 1852[18] erscheint jeder Franzose auf dem Wahlplatze, in der einen Hand den Stimmzettel, in der andern das Schwert. Mit dieser Prophezeiung tat sie sich selbst Genüge. Die Armee endlich wurde wie für die Wahlen vom 29. Mai 1849, so für die vom März und April 1850 von ihren Vorgesetzten gezüchtigt. Diesmal sagte sie sich aber entschieden: »Die Revolution prellt uns nicht zum dritten Mal.«

Das Gesetz vom 31. Mai 1850 war der coup d'état der Bourgeoisie. Alle ihre bisherigen Eroberungen über die Revolution hatten einen nur provisorischen Charakter. Sie waren in Frage gestellt, sobald die jetzige Nationalversammlung von der Bühne abtrat. Sie hingen von dem Zufall einer neuen allgemeinen Wahl ab, und die Geschichte der Wahlen seit 1848 bewies unwiderleglich, daß in demselben Maße, wie die faktische Herrschaft der Bourgeoisie sich entwickelte, ihre moralische Herrschaft über die Volksmassen verlorenging. Das allgemeine Wahlrecht erklärte sich am 10. März direkt gegen die Herrschaft der Bourgeoisie, die Bourgeoisie antwortete mit der Ächtung des allgemeinen Wahlrechts. Das

Gesetz vom 31. Mai war also eine der Notwendigkeiten des Klassenkampfes. Andrerseits erheischte die Konstitution, damit die Wahl des Präsidenten der Republik gültig sei, ein Minimum von zwei Millionen Stimmen. Erhielt keiner der Präsidentschaftskandidaten dies Minimum, so sollte die Nationalversammlung unter den fünf Kandidaten, denen die meisten Stimmen zufallen würden, den Präsidenten wählen. Zur Zeit, wo die Konstituante dies Gesetz machte, waren zehn Millionen Wähler auf den Stimmlisten eingeschrieben. In ihrem Sinne reichte also ein Fünftel der Wahlberechtigten hin, um die Präsidentschaftswahl gültig zu machen. Das Gesetz vom 31. Mai strich wenigstens drei Millionen Stimmen von den Wahllisten, reduzierte die Zahl der Wahlberechtigten auf sieben Millionen und behielt nichtsdestoweniger das gesetzliche Minimum von zwei Millionen für die Präsidentschaftswahl bei. Es erhöhte also das gesetzliche Minimum von einem Fünftel auf beinahe ein Drittel der wahlfähigen Stimmen, d. h., es tat *alles,* um die Präsidentenwahl aus den Händen des Volkes in die Hände der Nationalversammlung hinüberzuschmuggeln. So schien die Partei der Ordnung durch das Wahlgesetz vom 31. Mai ihre Herrschaft doppelt befestigt zu haben, indem sie die Wahl der Nationalversammlung und die des Präsidenten der Republik dem stationären Teil der Gesellschaft anheimgab.

V

Der Kampf brach sofort wieder aus zwischen der Nationalversammlung und Bonaparte, sobald die revolutionäre Krise überdauert und das allgemeine Wahlrecht abgeschafft war.

Die Konstitution hatte das Gehalt Bonapartes auf 600 000 Francs festgesetzt. Kaum ein halbes Jahr nach seiner Installierung gelang es ihm, diese Summe auf das Doppelte zu erhöhn. Odilon Barrot ertrotzte nämlich von der konstituierenden Nationalversammlung einen jährlichen Zuschuß von 600 000 Francs für sogenannte Repräsentationsgelder. Nach dem 13. Juni hatte Bonaparte ähnliche Anliegen verlauten lassen, ohne diesmal bei Barrot Gehör zu finden. Jetzt nach dem 31. Mai benutzte er sofort den günstigen Augenblick und ließ seine Minister eine Zivilliste von drei Millionen in der Nationalversammlung beantragen. Ein langes abenteuerndes Vagabundenleben hatte ihn mit den entwickeltsten Fühlhörnern begabt, um die schwachen Momente herauszutasten, wo er seinen Bourgeois Geld abpressen durfte. Er trieb förmliche chantage[1]. Die Nationalversammlung hatte die Volkssouveränität mit seiner Mithülfe und seinem Mitwissen geschändet. Er drohte, ihr Verbrechen dem Volksgericht zu denunzieren, falls sie nicht den Beutel ziehe und sein Stillschweigen mit drei Millionen jährlich erkaufe. Sie hatte drei Millionen Franzosen ihres Stimmrechts beraubt. Er verlangte für jeden außer Kurs gesetzten Franzosen einen Kurs habenden Franken, genau drei Millionen Francs. Er, der Erwählte von sechs Millionen, fordert Schadenersatz für die Stimmen, um die man ihn nachträglich geprellt habe. Die Kommission der Nationalversammlung wies den Zudringlichen ab. Die bonapartistische Presse drohte. Konnte die Nationalversammlung mit dem Präsidenten der Republik brechen in einem Augenblicke, wo sie prinzipiell und definitiv mit der Masse der Nation gebrochen hatte? Sie

[1] Erpressung

verwarf zwar die jährliche Zivilliste, aber sie bewilligte einen einmaligen Zuschuß von 2160 000 Francs. Sie machte sich so der doppelten Schwäche schuldig, das Geld zu bewilligen und zugleich durch ihren Ärger zu zeigen, daß sie es nur widerwillig bewillige. Wir werden später sehen, wozu Bonaparte das Geld brauchte. Nach diesem ärgerlichen Nachspiel, das der Abschaffung des allgemeinen Stimmrechts auf dem Fuße folgte und worin Bonaparte seine demütige Haltung während der Krise des März und April mit herausfordernder Unverschämtheit gegen das usurpatorische Parlament vertauschte, vertagte sich die Nationalversammlung für drei Monate, vom 11. August bis 11. November. Sie ließ an ihrer Stelle eine Permanenzkommission von 28 Mitgliedern zurück, die keinen Bonapartisten enthielt, wohl aber einige gemäßigte Republikaner.[69] Die Permanenzkommission vom Jahre 1849 hatte nur Männer der Ordnung[22] und Bonapartisten gezählt. Aber damals erklärte sich die Partei der Ordnung in Permanenz gegen die Revolution. Diesmal erklärte sich die parlamentarische Republik in Permanenz gegen den Präsidenten. Nach dem Gesetze vom 31. Mai stand der Partei der Ordnung nur noch dieser Rival gegenüber.

Als die Nationalversammlung im November 1850 wieder zusammentrat, schien statt ihrer bisherigen kleinlichen Plänkeleien mit dem Präsidenten ein großer rücksichtsloser Kampf, ein Kampf der beiden Gewalten auf Leben und Tod unvermeidlich geworden zu sein.

Wie im Jahre 1849 war die Partei der Ordnung während der diesjährigen Parlamentsferien in ihre einzelnen Fraktionen auseinandergegangen, jede beschäftigt mit ihren eignen Restaurationsintrigen, die durch den Tod Louis-Philippes neue Nahrung erhalten hatten. Der Legitimistenkönig Heinrich V. hatte sogar ein förmliches Ministerium ernannt, das zu Paris residierte und worin Mitglieder der Permanenzkommission saßen. Bonaparte war also berechtigt, seinerseits Rundreisen durch die französischen Departements zu machen und je nach der Stimmung der Stadt, die er mit seiner Gegenwart beglückte, bald versteckter, bald offener seine eignen Restaurationspläne auszuplaudern und Stimmen für sich zu werben. Auf diesen Zügen, die der große offizielle »Moniteur« und die kleinen Privatmoniteure Bonapartes natürlich als Triumphzüge feiern mußten, war er fortwährend begleitet von Affiliierten der *Gesellschaft des 10. Dezember*. Diese Gesellschaft datiert vom Jahre 1849. Unter dem Vorwande, eine Wohltätigkeitsgesellschaft zu stiften, war das Pariser Lumpenproletariat in geheime Sektionen organisiert worden, jede Sektion von bonapartistischen Agenten geleitet, an der Spitze des Ganzen ein bonapartistischer General [Jean-Pierre Piat]. Neben zerrütteten Roués[1] mit zweideutigen Subsistenzmitteln und von zweideutiger Herkunft, neben verkommenen und abenteuernden Ablegern der Bourgeoisie, Vagabunden, entlassene Soldaten, entlassene Zuchthausträflinge, entlaufene Galeerensklaven, Gauner, Gaukler, Lazzaroni[78], Taschendiebe, Taschenspieler, Spieler, Maquereaus[2], Bordellhalter, Lastträger, Literaten, Orgeldreher, Lumpensammler, Scherenschleifer, Kesselflicker, Bettler, kurz, die ganze unbestimmte, aufgelöste, hin- und hergeworfene Masse, die die Franzosen la bohème nennen; mit diesem ihm verwandten Elemente bildete Bonaparte den Stock der Gesellschaft vom 10. Dezember. »Wohltätigkeitsgesellschaft« — insofern alle Mitglieder gleich Bonaparte das Bedürfnis fühlten, sich auf Kosten der arbeitenden Nation wohlzutun. Dieser Bonaparte, der sich als *Chef des Lumpenproletariats* konstituiert, der hier allein in massenhafter Form die Interessen wiederfindet, die er persönlich verfolgt, der in diesem Auswurf, Abfall, Abhub aller Klassen die einzige Klasse erkennt, auf die er sich unbedingt stützen kann, er ist der wirkliche Bonaparte, der Bonaparte sans phrase[3]. Alter durchtriebener Roué, faßt er das geschichtliche Leben der Völker und die Haupt- und Staatsaktionen derselben als Komödie im ordinärsten Sinne auf, als eine Maskerade, wo die großen Kostüme, Worte und Posituren nur der kleinlichsten Lumperei zur Maske dienen. So bei seinem

[1] Wüstlingen — [2] Zuhälter — [3] ohne jede Beschönigung

Zuge nach Straßburg, wo ein geschulter Schweizer Geier den napoleonischen Adler vorgestellt. Für seinen Einfall in Boulogne steckt er einige Londoner Lakaien in französische Uniform.[79] Sie stellen die Armee vor. In seiner Gesellschaft vom 10. Dezember sammelt er 10 000 Lumpenkerls, die das Volk vorstellen müssen, wie Klaus Zettel den Löwen[80]. In einem Augenblicke, wo die Bourgeoisie selbst die vollständigste Komödie spielte, aber in der ernsthaftesten Weise von der Welt, ohne irgendeine der pedantischen Bedingungen der französischen dramatischen Etikette[81] zu verletzen, und selbst halb geprellt, halb überzeugt von der Feierlichkeit ihrer eignen Haupt- und Staatsaktionen, mußte der Abenteurer siegen, der die Komödie platt als Komödie nahm. Erst wenn er seinen feierlichen Gegner beseitigt hat, wenn er nun selbst seine kaiserliche Rolle im Ernste nimmt und mit der napoleonischen Maske den wirklichen Napoleon vorzustellen meint, wird er das Opfer seiner eignen Weltanschauung, der ernsthafte Hanswurst, der nicht mehr die Weltgeschichte als eine Komödie, sondern seine Komödie als Weltgeschichte nimmt. Was für die sozialistischen Arbeiter die Nationalateliers[82], was für die Bourgeois-Republikaner die Gardes mobiles[29], das war für Bonaparte die Gesellschaft vom 10. Dezember, die ihm eigentümliche Parteistreitkraft. Auf seinen Reisen mußten die auf der Eisenbahn verpackten Abteilungen derselben ihm ein Publikum improvisieren, den öffentlichen Enthusiasmus aufführen, vive l'Empereur[1] heulen, die Republikaner insultieren und durchprügeln, natürlich unter dem Schutze der Polizei. Auf seinen Rückfahrten nach Paris mußten sie die Avantgarde bilden, Gegendemonstrationen zuvorkommen oder sie auseinanderjagen. Die Gesellschaft vom 10. Dezember gehörte ihm, sie war *sein* Werk, sein eigenster Gedanke. Was er sich sonst aneignet, gibt ihm die Macht der Verhältnisse anheim, was er sonst tut, tun die Verhältnisse für ihn oder begnügt er sich, von den Taten andrer zu kopieren; aber er, mit den offiziellen Redensarten der Ordnung, der Religion, der Fami-

[1] es lebe der Kaiser

lie, des Eigentums öffentlich vor den Bürgern, hinter ihm die geheime Gesellschaft der Schufterles und der Spiegelbergs, die Gesellschaft der Unordnung, der Prostitution und des Diebstahls, das ist Bonaparte selbst als Originalautor, und die Geschichte der Gesellschaft des 10. Dezember ist seine eigne Geschichte. Es hatte sich nun ausnahmsweise ereignet, daß der Ordnungspartei angehörige Volksrepräsentanten unter die Stöcke der Dezembristen gerieten. Noch mehr. Der der Nationalversammlung zugewiesene, mit der Bewachung ihrer Sicherheit beauftragte Polizeikommissär Yon zeigte auf die Aussage eines gewissen Allais hin der Permanenzkommission an, eine Sektion der Dezembristen habe die Ermordung des Generals Changarnier und Dupins, des Präsidenten der Nationalversammlung, beschlossen und zu deren Vollstreckung schon die Individuen bestimmt. Man begreift den Schreck des Herrn Dupin. Eine parlamentarische Enquête über die Gesellschaft vom 10. Dezember, d. h. die Profanierung der Bonaparteschen Geheimwelt, schien unvermeidlich. Grade vor dem Zusammentritt der Nationalversammlung löste Bonaparte vorsorglich seine Gesellschaft auf, natürlich nur auf dem Papiere, denn noch Ende 1851 suchte der Polizeipräfekt Carlier in einem ausführlichen Memoire ihn vergeblich zur wirklichen Auseinanderjagung der Dezembristen zu bewegen.

Die Gesellschaft vom 10. Dezember sollte so lange die Privatarmee Bonapartes bleiben, bis es ihm gelang, die öffentliche Armee in eine Gesellschaft vom 10. Dezember zu verwandeln. Bonaparte machte hierzu den ersten Versuch kurz nach der Vertagung der Nationalversammlung, und zwar mit dem eben ihr abgetrotzten Gelde. Als Fatalist lebt er der Überzeugung, daß es gewisse höhere Mächte gibt, denen der Mensch und insbesondere der Soldat nicht widerstehen kann. Unter diese Mächte zählt er in erster Linie Zigarre und Champagner, kaltes Geflügel und Knoblauchwurst. Er traktiert daher in den Gemächern des Elysée zunächst Offiziere und Unteroffiziere mit Zigarre und Champagner, mit kaltem Geflügel und Knoblauchswurst. Am 3. Oktober wiederholt er dieses Manöver mit den Truppenmassen bei der Revue von St-Maur und am 10. Oktober dasselbe Manöver auf noch größerer Stufenleiter bei der Armeeschau von Satory. Der Onkel erinnerte sich der Feldzüge Alexanders in Asien, der Neffe der Eroberungszüge des Bacchus in demselben Lande. Alexander war allerdings ein Halbgott, aber Bacchus war ein Gott, und dazu der Schutzgott der Gesellschaft vom 10. Dezember.

Nach der Revue vom 3. Oktober lud die Permanenzkommission den Kriegsminister d'Hautpoul vor sich. Er versprach, jene Disziplinarwidrigkeiten sollten sich nicht wiederholen. Man weiß, wie Bonaparte am 10. Oktober d'Hautpouls Wort hielt. In beiden Revuen hatte Changarnier kommandiert als Oberbefehlshaber der Armee von Paris. Er, zugleich Mitglied der Permanenzkommission, Chef der Nationalgarde, »Retter« vom 29. Januar und 13. Juni, »Bollwerk der Gesellschaft«, Kandidat der Ordnungspartei für die Präsidentenwürde, der geahnte Monk zweier Monarchien, hatte bisher nie seine Unterordnung unter den Kriegsminister anerkannt, die republikanische Konstitution stets offen verhöhnt, Bonaparte mit einer zweideutig vornehmen Protektion verfolgt. Jetzt eiferte er für die Disziplin gegen den Kriegsminister und für die Konstitution gegen Bonaparte. Während am 10. Oktober ein Teil der Kavallerie den Ruf: »Vive Napoléon! Vivent les saucissons!«[1] ertönen ließ, veranlaßte Changarnier, daß wenigstens die unter dem Kommando seines Freundes Neumayer vorbeidefilierende Infanterie ein eisiges Stillschweigen beobachtete. Zur Strafe entsetzte der Kriegsminister auf Bonapartes Antrieb den General Neumayer seines Postens in Paris, unter dem Vorwand, ihn als Obergeneral der 14. und 15. Militärdivision zu bestallen. Neumayer schlug diesen Stellenwechsel aus und mußte so seine Entlassung nehmen. Changarnier seinerseits veröffentlichte am 2. November einen Tagesbefehl, worin er den Truppen verbot, politische Ausrufungen und Demonstrationen irgendeiner Art sich unter den

---

[1] »Es lebe Napoleon! Es leben die Würste!«

Waffen zu erlauben. Die elyseeischen Blätter griffen Changarnier an, die Blätter der Ordnungspartei Bonaparte, die Permanenzkommission wiederholte geheime Sitzungen, worin wiederholt beantragt wurde, das Vaterland in Gefahr zu erklären, die Armee schien in zwei feindliche Lager geteilt mit zwei feindlichen Generalstäben, der eine im Elysée, wo Bonaparte, der andere in den Tuilerien, wo Changarnier hauste. Es schien nur des Zusammentritts der Nationalversammlung zu bedürfen, damit das Signal zum Kampfe erschalle. Das französische Publikum beurteilte diese Reibungen zwischen Bonaparte und Changarnier wie jener englische Journalist, der sie mit folgenden Worten charakterisiert hat:

»Die politischen Hausmägde Frankreichs kehren die glühende Lava der Revolution mit alten Besen weg und keifen sich aus, während sie ihre Arbeit verrichten.«

Unterdes beeilte sich Bonaparte, den Kriegsminister d'Hautpoul zu entsetzen, ihn Hals über Kopf nach Algier zu spedieren und an seine Stelle General Schramm zum Kriegsminister zu ernennen. Am 12. November sandte er der Nationalversammlung eine Botschaft von amerikanischer Weitläufigkeit, überladen mit Details, ordnungsduftend, versöhnungslüstern, konstitutionell-resigniert, von allem und jedem handelnd, nur nicht von den questions brûlantes[1] des Augenblickes. Wie im Vorbeigehen ließ er die Worte fallen, daß den ausdrücklichen Bestimmungen der Konstitution gemäß der Präsident allein über die Armee verfüge. Die Botschaft schloß mit folgenden hochbeteuernden Worten:

»Frankreich verlangt vor allem andern Ruhe... Allein durch einen Eid gebunden, werde ich mich innerhalb der engen Grenzen halten, die er mir gezogen hat... Was mich betrifft, vom Volke erwählt und ihm allein meine Macht schuldend, ich werde mich stets seinem gesetzlich ausgedrückten Willen fügen. Beschließt Ihr in dieser Sitzung die Revision der Konstitution, so wird eine konstituierende Versammlung die Stellung der Exekutivgewalt regeln. Wo nicht, so wird das Volk 1852[18] *feierlich seinen Entschluß verkünden. Was aber immer*

[1] brennenden Fragen

die Lösungen der Zukunft sein mögen, laßt uns zu einem Verständnis kommen, damit niemals Leidenschaft, Überraschung oder Gewalt über das Schicksal einer großen Nation entscheiden... Was vor allem meine Aufmerksamkeit in Anspruch nimmt, ist nicht, wer 1852 über Frankreich regieren wird, sondern die Zeit, die zu meiner Verfügung steht, so zu verwenden, daß die Zwischenperiode ohne Agitation und Störung vorübergehe. Ich habe mit Aufrichtigkeit mein Herz vor Euch eröffnet, Ihr werdet meiner Offenheit mit Eurem Vertrauen antworten, meinem guten Streben durch Eure Mitwirkung, und Gott wird das übrige tun.«[83]

Die honette, heuchlerisch gemäßigte, tugendhaft gemeinplätzliche Sprache der Bourgeoisie offenbart ihren tiefsten Sinn im Munde des Selbstherrschers der Gesellschaft vom 10. Dezember und des Picknickhelden von St-Maur und Satory.

Die Burggrafen der Ordnungspartei[74] täuschten sich keinen Augenblick über das Vertrauen, das diese Herzenseröffnung verdiene. Über Eide waren sie längst blasiert, sie zählten Veteranen, Virtuosen des Meineids in ihrer Mitte, sie hatten die Stelle über die Armee nicht überhört. Sie bemerkten mit Unwillen, daß die Botschaft in der weitschweifigen Aufzählung der jüngst erlassenen Gesetze das wichtigste Gesetz, das Wahlgesetz[76], mit affektiertem Stillschweigen überging und vielmehr im Falle der Nichtrevision der Verfassung die Wahl des Präsidenten für 1852 dem Volke anheimstellte. Das Wahlgesetz war die Bleikugel an den Füßen der Ordnungspartei, die sie am Gehen verhinderte und nun gar am Stürmen! Zudem hatte Bonaparte durch die amtliche Auflösung der Gesellschaft vom 10. Dezember und die Entlassung des Kriegsministers d'Hautpoul die Sündenböcke mit eigener Hand auf dem Altar des Vaterlandes geopfert. Er hatte der erwarteten Kollision die Spitze abgebrochen. Endlich suchte die Ordnungspartei selbst ängstlich jeden entscheidenden Konflikt mit der Exekutivgewalt zu umgehen, abzuschwächen, zu vertuschen. Aus Furcht, die Eroberungen über die Revolution zu verlieren, ließ sie ihren Rivalen die Früchte derselben gewinnen. »Frankreich verlangt vor allem andern Ruhe.« So rief die Ordnungspartei der Revolution seit Februar zu, so rief Bonapartes Botschaft der Ordnungspartei zu. »Frankreich verlangt vor allem Ruhe.« Bonaparte beging Handlungen, die auf Usurpation hinzielten, aber die Ordnungspartei beging die »Unruhe«, wenn sie Lärm über diese Handlungen schlug und sie hypochondrisch auslegte. Die Würste von Satory waren mausstill, wenn niemand von ihnen sprach. »Frankreich verlangt vor allem Ruhe.« Also verlangte Bonaparte, daß man ihn ruhig gewähren lasse, und die parlamentarische Partei war von doppelter Furcht gelähmt, von der Furcht, die revolutionäre Unruhe wieder heraufzubeschwören, von der Furcht, selbst als der Unruhstifter in den Augen ihrer eignen Klasse, in den Augen der Bourgeoisie zu erscheinen. Da Frankreich also vor allem andern Ruhe verlangte, wagte die Ordnungspartei nicht, nachdem Bonaparte in seiner Botschaft »Frieden« gesprochen hatte, »Krieg« zu antworten. Das Publikum, das sich mit großen Skandalszenen bei Eröffnung der Nationalversammlung geschmeichelt hatte, wurde in seinen Erwartungen geprellt. Die Oppositionsdeputierten, welche Vorlage der Protokolle der Permanenzkommission über die Oktoberereignisse verlangten, wurden von der Majorität überstimmt. Man floh prinzipiell alle Debatte, die aufregen konnte. Die Arbeiten der Nationalversammlung während November und Dezember 1850 waren ohne Interesse.

Endlich gegen Ende Dezember begann der Guerillakrieg um einzelne Prärogativen des Parlaments. In kleinlichen Schikanen um die Prärogative der beiden Gewalten versumpfte die Bewegung, seitdem die Bourgeoisie mit der Abschaffung des allgemeinen Wahlrechts den Klassenkampf zunächst abgemacht hatte.

Gegen Mauguin, einen der Volksrepräsentanten, war schuldenhalber ein gerichtliches Urteil erwirkt worden. Auf Anfrage des Gerichtspräsidenten erklärte der Justizminister Rouher, es sei ohne weitere Umstände ein Verhaftsbefehl gegen den Schuldner auszufertigen. Mauguin wurde also in den Schuldturm geworfen. Die Nationalversammlung brauste auf, als sie das Attentat erfuhr. Sie verordnete nicht nur seine sofortige Freilassung, sondern ließ ihn auch noch denselben Abend von ihrem greffier[1] gewaltsam aus Clichy[39] herausholen. Um jedoch ihren Glauben an die Heiligkeit des Privateigentums zu bewähren, und mit dem Hintergedanken, im Notfall ein Asyl für lästig gewordene Montagnards[11] zu eröffnen, erklärte sie die Schuldhaft von Volksrepräsentanten nach vorheriger Einholung ihrer Erlaubnis für zulässig. Sie vergaß zu dekretieren, daß auch der Präsident schuldenhalber eingesperrt werden könne. Sie vernichtete den letzten Schein von Unverletzlichkeit, der die Glieder ihres eigenen Körpers umgab.

Man erinnert sich, daß der Polizeikommissär Yon eine Sektion der Dezembristen auf Aussage eines gewissen Allais hin wegen Mordplans auf Dupin und Changarnier denunziert hatte. Gleich in der ersten Sitzung machten die Quästoren[49] mit Bezug hierauf den Vorschlag, eine eigne parlamentarische Polizei zu bilden, besoldet aus dem Privatbudget der Nationalversammlung und durchaus unabhängig von dem Polizeipräfekten. Der Minister des Innern, Baroche, hatte gegen diesen Eingriff in sein Ressort protestiert. Man schloß darauf einen elenden Kompromiß, wonach der Polizeikommissär der Versammlung zwar aus ihrem Privatbudget besoldet und von ihren Quästoren ein- und abgesetzt werden solle, aber nach vorheriger Verständigung mit dem Minister des Innern. Unterdessen war Allais gerichtlich von der Regierung verfolgt worden, und hier war es leicht, seine Aussage als eine Mystifikation darzustellen und durch den Mund des öffentlichen Anklägers einen lächerlichen Schein auf Dupin, Changarnier, Yon und die ganze Nationalversammlung zu werfen. Jetzt, am 29. Dezember, schreibt der Minister Baroche einen Brief an Dupin, worin er die Entlassung Yons verlangt. Das Büro der Nationalversammlung beschließt, Yon in seiner Stelle zu erhalten, aber die Nationalversammlung, über ihre Gewaltsam-

---

[1] vom Generalsekretär des Staatsrats

keit in Mauguins Angelegenheit erschreckt und gewohnt, wenn sie einen Schlag gegen die Exekutivgewalt gewagt hat, zwei Schläge von ihr im Austausch zurückzuerhalten, sanktioniert diesen Beschluß nicht. Sie entläßt Yon zur Belohnung seines Diensteifers und beraubt sich einer parlamentarischen Prärogative, unerläßlich gegen einen Menschen, der nicht in der Nacht beschließt, um bei Tage auszuführen, sondern bei Tage beschließt und in der Nacht[84] ausführt.

Wir haben gesehn, wie die Nationalversammlung während der Monate November und Dezember bei großen schlagenden Veranlassungen den Kampf mit der Exekutivgewalt umging, niederschlug. Jetzt sehen wir sie gezwungen, ihn bei den kleinlichsten Anlässen aufzunehmen. In der Angelegenheit Mauguins bestätigt sie dem Prinzipe nach die Schuldhaft der Volksrepräsentanten, behält sich aber vor, es nur auf ihr mißliebige Repräsentanten anwenden zu lassen, und um dieses infame Privilegium hadert sie mit dem Justizminister. Statt den angeblichen Mordplan zu benutzen, um eine Enquête über die Gesellschaft vom 10. Dezember zu verhängen und Bonaparte in seiner wahren Gestalt als das Haupt des Pariser Lumpenproletariats vor Frankreich und Europa rettungslos bloßzustellen, läßt sie die Kollision auf einen Punkt herabsinken, wo es sich zwischen ihr und dem Minister des Innern nur noch darum handelt, zu wessen Kompetenz die Ein- und Absetzung eines Polizeikommissärs gehört. So sehn wir die Partei der Ordnung während dieser ganzen Periode durch ihre zweideutige Stellung gezwungen, ihren Kampf mit der Exekutivgewalt in kleinliche Kompetenzzwiste, Schikanen, Rabulistereien, Grenzstreitigkeiten zu verpuffen, zu verbröckeln und die abgeschmacktesten Formfragen zum Inhalt ihrer Tätigkeit zu machen. Sie wagt die Kollision nicht aufzunehmen in dem Augenblicke, wo sie eine prinzipielle Bedeutung hat, wo die Exekutivgewalt sich wirklich bloßgestellt hat und die Sache der Nationalversammlung die nationale Sache wäre. Sie würde dadurch der Nation eine Marsch-Ordre ausstellen, und sie fürchtet nichts mehr, als daß sich die Nation bewege.

Bei solchen Gelegenheiten weist sie daher die Anträge der Montagne zurück und geht zur Tagesordnung über. Nachdem die Streitfrage so in ihren großen Dimensionen aufgegeben ist, wartet die Exekutivgewalt ruhig den Zeitpunkt ab, wo sie dieselbe bei kleinlich unbedeutenden Anlässen wieder aufnehmen kann, wo sie sozusagen nur noch ein parlamentarisches Lokalinteresse bietet. Dann bricht die verhaltene Wut der Ordnungspartei aus, dann reißt sie den Vorhang von den Kulissen, dann denunziert sie den Präsidenten, dann erklärt sie die Republik in Gefahr, aber dann erscheint auch ihr Pathos abgeschmackt und der Anlaß des Kampfes als heuchlerischer Vorwand oder überhaupt des Kampfes nicht wert. Der parlamentarische Sturm wird zu einem Sturm in einem Glase Wasser, der Kampf zur Intrige, die Kollision zum Skandal. Während die Schadenfreude der revolutionären Klassen sich an der Demütigung der Nationalversammlung weidet, denn sie schwärmen ebensosehr für die parlamentarischen Prärogativen derselben wie jene Versammlung für die öffentlichen Freiheiten, begreift die Bourgeoisie außerhalb des Parlaments nicht, wie die Bourgeoisie innerhalb des Parlaments ihre Zeit mit so kleinlichen Zänkereien vergeuden und die Ruhe durch so elende Rivalitäten mit dem Präsidenten bloßstellen kann. Sie wird verwirrt über eine Strategie, die in dem Augenblicke Frieden schließt, wo alle Welt Schlachten erwartet, und in dem Augenblicke angreift, wo alle Welt den Frieden geschlossen glaubt.

Am 20. Dezember interpellierte Pascal Duprat den Minister des Innern über die Goldbarrenlotterie. Diese Lotterie war eine »Tochter aus Elysium«[85], Bonaparte hatte sie mit seinen Getreuen auf die Welt gesetzt und der Polizeipräfekt Carlier sie unter seine offizielle Protektion gestellt, obgleich das französische Gesetz alle Lotterien mit Ausnahme der Verlosung zu wohltätigen Zwecken untersagt. Sieben Millionen Lose, Stück für Stück ein Frank, der Gewinn angeblich bestimmt zur Verschiffung von Pariser Vagabunden nach Kalifornien. Einerseits sollten goldene Träume die sozialistischen Träume des

Pariser Proletariats verdrängen, die verführerische Aussicht auf das große Los das doktrinäre Recht auf Arbeit. Die Pariser Arbeiter erkannten natürlich in dem Glanze der kalifornischen Goldbarren die unscheinbaren Franken nicht wieder, die man ihnen aus der Tasche lockte. In der Hauptsache aber handelte es sich um eine direkte Prellerei. Die Vagabunden, die kalifornische Goldminen eröffnen wollten, ohne sich aus Paris wegzubemühn, waren Bonaparte selbst und seine schuldenzerrüttete Tafelrunde. Die von der Nationalversammlung bewilligten drei Millionen waren verjubelt, die Kasse mußte auf eine oder die andre Weise wieder gefüllt werden. Vergebens hatte Bonaparte zur Errichtung von sogenannten cités ouvrières[1] eine Nationalsubskription eröffnet, an deren Spitze er selbst mit einer bedeutenden Summe figurierte. Die hartherzigen Bourgeois warteten mißtrauisch die Einzahlung seiner Aktie ab, und da diese natürlich nicht erfolgte, fiel die Spekulation auf die sozialistischen Luftschlösser platt zu Boden. Die Goldbarren zogen besser. Bonaparte und Genossen begnügten sich nicht damit, den Überschuß der sieben Millionen über die auszuspielenden Barren teilweise in die Tasche zu stecken, sie fabrizierten falsche Lose, sie gaben auf dieselbe Nummer zehn, fünfzehn bis zwanzig Lose aus, Finanzoperation im Geiste der Gesellschaft vom 10. Dezember! Hier hatte die Nationalversammlung nicht den fiktiven Präsidenten der Republik sich gegenüber, sondern den Bonaparte in Fleisch und Blut. Hier konnte sie ihn auf der Tat ertappen im Konflikte nicht mit der Konstitution, sondern mit dem Code pénal. Wenn sie auf Duprats Interpellation zur Tagesordnung überging, geschah es nicht nur, weil Girardins Antrag, sich für »satisfait«[2] zu erklären, der Ordnungspartei ihre systematische Korruption ins Gedächtnis rief. Der Bourgeois, und vor allem der zum Staatsmann aufgeblähte Bourgeois, ergänzt seine praktische Gemeinheit durch eine theoretische Überschwenglichkeit. Als Staatsmann wird er wie die Staatsgewalt, die

---

[1] Arbeitersiedlungen — [2] »befriedigt«

ihm gegenübersteht, ein höheres Wesen, das nur in höherer, geweihter Weise bekämpft werden kann.

Bonaparte, der eben als Bohémien, als prinzlicher Lumpenproletarier den Vorzug vor dem schuftigen Bourgeois hatte, daß er den Kampf gemein führen konnte, sah nun, nachdem die Versammlung selbst ihn über den schlüpfrigen Boden der Militärbanketts, der Revuen, der Gesellschaft vom 10. Dezember und endlich des Code pénal mit eigner Hand hinübergeleitet hatte, den Augenblick gekommen, wo er aus der scheinbaren Defensive in die Offensive übergehn konnte. Wenig genierten ihn die mittendurch spielenden kleinen Niederlagen des Justizministers [Rouher], des Kriegsministers [Schramm], des Marineministers [Desfossés], des Finanzministers [Fould], wodurch die Nationalversammlung ihr knurriges Mißvergnügen kundgab. Er verhinderte nicht nur die Minister abzutreten und so die Unterwerfung der Exekutivgewalt unter das Parlament anzuerkennen. Er konnte nun vollbringen, womit er während der Ferien der Nationalversammlung begonnen hatte, die Losreißung der Militärgewalt vom Parlamente, die *Absetzung Changarniers.*

Ein elyseeisches Blatt[86] veröffentlichte einen Tagesbefehl, während des Monats Mai angeblich an die erste Militärdivision gerichtet, also von Changarnier ausgehend, worin den Offizieren empfohlen wurde, im Falle einer Empörung den Verrätern in ihren eignen Reihen kein Quartier[1] zu geben, sie sofort zu erschießen und der Nationalversammlung die Truppen zu verweigern, wenn die dieselben requirieren sollte. Am 3. Januar 1851 wurde das Kabinett über diesen Tagesbefehl interpelliert. Es verlangt zur Prüfung dieser Angelegenheit erst drei Monate, dann eine Woche, endlich nur vierundzwanzig Stunden Bedenkzeit. Die Versammlung besteht auf sofortigem Aufschluß. Changarnier erhebt sich und erklärt, daß dieser Tagesbefehl nie existiert habe. Er fügt hinzu, daß er sich stets beeilen werde, den Aufforderungen der Nationalversammlung nachzukommen, und daß sie in einem Kollisionsfalle auf ihn

[1] keinen Pardon

rechnen könne. Sie empfängt seine Erklärung mit unaussprechlichem Applaus und dekretiert ihm ein Vertrauensvotum. Sie dankt ab, sie dekretiert ihre eigne Machtlosigkeit und die Allmacht der Armee, indem sie sich unter die Privatprotektion eines Generals begibt, aber der General täuscht sich, wenn er ihr gegen Bonaparte eine Macht zu Gebot stellt, die er nur als Lehen von demselben Bonaparte hält, und wenn er seinerseits Schutz von diesem Parlamente, von seinem schutzbedürftigen Schützlinge erwartet. Aber Changarnier glaubt an die mysteriöse Macht, womit ihn die Bourgeoisie seit dem 29. Januar 1849 ausgestattet. Er hält sich für die dritte Gewalt neben den beiden übrigen Staatsgewalten. Er teilt das Schicksal der übrigen Helden oder vielmehr Heiligen dieser Epoche, deren Größe eben in der interessierten großen Meinung besteht, die ihre Partei von ihnen aufbringt, und die in Alltagsfiguren zusammenfallen, sobald die Verhältnisse sie einladen, Wunder zu verrichten. Der Unglaube ist überhaupt der tödliche Feind dieser vermeinten Helden und wirklichen Heiligen. Daher ihre würdevoll-sittliche Entrüstung über die enthusiasmusarmen Witzlinge und Spötter.

An demselben Abende wurden die Minister nach dem Elysée beschieden, Bonaparte dringt auf die Absetzung Changarniers, fünf Minister weigern sich, sie zu zeichnen, der »Moniteur« kündigt eine Ministerkrise an, und die Ordnungspresse droht mit der Bildung einer parlamentarischen Armee unter dem Kommando Changarniers. Die Partei der Ordnung hatte die konstitutionelle Befugnis zu diesem Schritte. Sie brauchte bloß Changarnier zum Präsidenten der Nationalversammlung zu ernennen und eine beliebige Truppenmasse zu ihrer Sicherheit zu requirieren. Sie konnte es um so sicherer, als Changarnier noch wirklich an der Spitze der Armee und der Pariser Nationalgarde stand und nur darauf lauerte, mitsamt der Armee requiriert zu werden. Die bonapartistische Presse wagte noch nicht einmal, das Recht der Nationalversammlung zu direkter Requisition der Truppen in Frage zu stellen, ein juristischer Skrupel, der unter den gegebenen

Verhältnissen keinen Erfolg versprach. Daß die Armee dem Befehle der Nationalversammlung gehorcht hätte, ist wahrscheinlich, wenn man erwägt, daß Bonaparte acht Tage in ganz Paris suchen mußte, um endlich zwei Generale zu finden — Baraguay d'Hilliers und St-Jean-d'Angély —, die sich bereit erklärten, die Absetzung Changarniers zu kontrasignieren. Daß die Ordnungspartei aber in ihren eignen Reihen und im Parlamente die zu einem solchen Beschlusse nötige Stimmenzahl gefunden hätte, ist mehr als zweifelhaft, wenn man bedenkt, daß acht Tage später 286 Stimmen sich von ihr trennten und daß die Montagne einen ähnlichen Vorschlag noch im Dezember 1851, in der letzten Stunde der Entscheidung, verwarf. Indessen wäre es vielleicht den Burggrafen jetzt noch gelungen, die Masse ihrer Partei zu einem Heroismus hinzureißen, der darin bestand, sich hinter einem Walde von Bajonetten sicher zu fühlen und den Dienst einer Armee anzunehmen, die in ihr Lager desertiert war. Statt dessen begaben sich die Herren Burggrafen am Abende des 6. Januar ins Elysée, um durch staatskluge Wendungen und Bedenken Bonaparte von der Absetzung Changarniers abstehn zu machen. Wen man zu überreden sucht, den erkennt man als den Meister der Situation an. Bonaparte, durch diesen Schritt sicher gemacht, ernennt am 12. Januar ein neues Ministerium, worin die Führer des alten, Fould und Baroche, verbleiben. St-Jean-d'Angély wird Kriegsminister, der »Moniteur« bringt das Absetzungsdekret Changarniers, sein Kommando wird geteilt unter Baraguay d'Hilliers, der die erste Militärdivision, und Perrot, der die Nationalgarde erhält. Das Bollwerk der Gesellschaft ist abgedankt, und wenn kein Stein darüber vom Dache fällt, steigen dagegen die Börsenkurse.

Indem sie die Armee, die sich ihr in Changarniers Person zur Verfügung stellt, zurückstößt und so unwiderruflich dem Präsidenten überantwortet, erklärt die Ordnungspartei, daß die Bourgeoisie den Beruf zum Herrschen verloren hat. Es existierte bereits kein parlamentarisches Ministerium mehr. Indem sie nun noch die Handhabe der Armee und Nationalgarde verlor, welches Gewaltmittel blieb ihr, um gleichzeitig die usurpierte Gewalt des Parlaments über das Volk und seine konstitutionelle Gewalt gegen den Präsidenten zu behaupten? Keins. Es blieb ihr nur noch der Appell an gewaltlose Prinzipien, die sie selbst stets nur als allgemeine Regeln ausgelegt hatte, die man dritten vorschreibt, um sich selbst desto freier bewegen zu können. Mit der Absetzung Changarniers, mit dem Anheimfall der Militärgewalt an Bonaparte, schließt der erste Abschnitt der Periode, die wir betrachten, der Periode des Kampfes zwischen der Ordnungspartei und der Exekutivgewalt. Der Krieg zwischen den beiden Gewalten ist jetzt offen erklärt, wird offen geführt, aber erst nachdem die Ordnungspartei Waffen und Soldaten verloren hat. Ohne Ministerium, ohne Armee, ohne Volk, ohne öffentliche Meinung, seit ihrem Wahlgesetz vom 31. Mai nicht mehr die Repräsentantin der souveränen Nation, ohn' Aug', ohn' Ohr, ohn' Zahn, ohn' alles[87], hatte sich die Nationalversammlung allgemach in ein *altfranzösisches Parlament*[88] verwandelt, das die Aktion der Regierung überlassen und sich selbst mit knurrenden Remonstrationen post festum begnügen muß.

Die Ordnungspartei empfängt das neue Ministerium mit einem Sturme der Entrüstung. General Bedeau ruft die Milde der Permanenzkommission während der Ferien ins Gedächtnis zurück und die übergroße Rücksicht, womit sie auf die Veröffentlichung ihrer Protokolle verzichtet habe. Der Minister des Innern besteht nun selbst auf Veröffentlichung dieser Protokolle, die jetzt natürlich schal wie abgestandenes Wasser geworden sind, keine neue Tatsache enthüllen und ohne die geringste Wirkung in das blasierte Publikum fallen. Auf Rémusats Vorschlag zieht sich die Nationalversammlung in ihre Büros zurück und ernennt ein »Komitee außerordentlicher Maßregeln«. Paris tritt um so weniger aus dem Geleise seiner alltäglichen Ordnung, als der Handel in diesem Augenblicke prosperiert, die Manufakturen beschäftigt sind, die Getreidepreise niedrig stehn, die Lebensmittel überfließen, die Sparkassen täglich neue Depositen erhalten. Die »außerordeutlichen Maßregeln«, die das Parlament so geräuschvoll angekündigt hat, verpuffen am 18. Januar in ein Mißtrauensvotum gegen die Minister, ohne daß General Changarnier auch nur erwähnt wurde. Die Ordnungspartei war zu dieser Fassung ihres Votums gezwungen, um sich die Stimmen der Republikaner zu sichern, da diese von allen Maßregeln des Ministeriums gerade nur die Absetzung Changarniers billigen, während die Ordnungspartei in der Tat die übrigen ministeriellen Akte nicht tadeln kann, die sie selbst diktiert hatte.

Für das Mißtrauensvotum vom 18. Januar entschieden 415 gegen 286 Stimmen. Es wurde also nur durchgesetzt durch eine *Koalition* der entschiedenen Legitimisten und Orleanisten mit den reinen Republikanern und der Montagne. Es bewies also, daß die Partei der Ordnung nicht nur das Ministerium, nicht nur die Armee, sondern in Konflikten mit Bonaparte auch ihre selbständige parlamentarische Majorität verloren hatte, daß ein Trupp von Repräsentanten aus ihrem Lager desertiert war, aus Vermittlungsfanatismus, aus Furcht vor dem Kampfe, aus Abspannung, aus Familienrücksicht für blutsverwandte Staatsgehalte, aus Spekulation auf frei werdende Ministerposten (Odilon Barrot), aus dem platten Egoismus, womit der gewöhnliche Bourgeois stets geneigt ist, das Gesamtinteresse seiner Klasse diesem oder jenem Privatmotive zu opfern. Die bonapartistischen Repräsentanten gehörten von vornherein der Ordnungspartei nur im Kampfe gegen die Revolution. Der Chef der katholischen Partei, Montalembert, warf seinen Einfluß schon damals in die Waagschale Bonapartes, da er an der Lebensfähigkeit der parlamentarischen Partei verzweifelte. Die Führer dieser Partei endlich, Thiers und Berryer, der Orleanist und Legitimist, waren gezwungen, sich offen als Republikaner zu proklamieren, zu bekennen, daß ihr Herz königlich, aber ihr Kopf republikanisch gesinnt, daß ihre parlamentarische Republik die einzig mögliche Form für die Herrschaft der Gesamtbourgeoisie sei. Sie waren so gezwungen, die Restaurationspläne, die sie unverdrossen hinter dem Rücken des Parlaments weiter verfolgten, vor den Augen der Bourgeoisklasse selbst als eine ebenso gefahrvolle wie kopflose Intrige zu brandmarken.

Das Mißtrauensvotum vom 18. Januar traf die Minister und nicht den Präsidenten. Aber nicht das Ministerium, der Präsident hatte Changarnier abgesetzt. Sollte die Ordnungspartei Bonaparte selbst in Anklagezustand versetzen? Wegen seiner Restaurationsgelüste? Sie ergänzten nur ihre eignen. Wegen seiner Konspiration in den Militärrevuen und der Gesellschaft vom 10. Dezember? Sie hatten diese Themata längst unter einfachen Tagesordnungen begraben. Wegen der Absetzung des Helden vom 29. Januar und vom 13. Juni, des Mannes, der Mai 1850 im Falle einer Emeute Paris an allen vier Ecken in Brand zu stecken drohte? Ihre Alliierten von der Montagne und Cavaignac erlaubten ihnen nicht einmal, das gefallene Bollwerk der Gesellschaft durch eine offizielle Beileidsbezeugung aufzurichten. Sie selbst konnten dem Präsidenten die konstitutionelle Befugnis, einen General abzusetzen, nicht bestreiten. Sie tobten nur, weil er von seinem konstitutionellen Rechte einen unparlamentarischen Gebrauch machte. Hatten sie von ihrer parlamentarischen Prärogative nicht fortwährend einen unkonstitutionellen Gebrauch gemacht und namentlich bei der Abschaffung des allgemeinen Wahlrechts? Sie waren also darauf angewiesen, sich genau innerhalb der parlamentarischen Schranken zu bewegen. Und es gehörte jene eigentümliche Krankheit dazu, die seit 1848 auf dem ganzen Kontinent grassiert hat, der *parlamentarische Kretinismus*, der die Angesteckten in eine eingebildete Welt festbannt und ihnen allen Sinn, alle Erinnerung, alles Verständnis für die rauhe Außenwelt raubt, dieser parlamentarische Kretinismus gehört dazu, wenn sie, die alle Bedingungen der parlamentarischen Macht mit eignen Händen zerstört hatten und in ihrem Kampfe mit den andern Klassen zerstören mußten, ihre parlamentarischen Siege noch für Siege hielten und den Präsidenten zu treffen glaubten, indem sie auf seine Minister schlugen. Sie gaben ihm nur Gelegenheit, die Nationalversammlung von neuem in den Augen der Nation zu demütigen. Am 20. Januar meldete der »Moniteur«, daß die Entlassung des Gesamtministeriums angenommen sei. Unter dem Vorwande, daß keine parlamentarische Partei mehr die Majorität besitze, wie das Votum vom 18. Januar, diese Frucht der Koalition zwischen Montagne und Royalisten, beweise, und um die Neubildung einer Majorität abzuwarten, ernannte Bonaparte ein sogenanntes Übergangsministerium, wovon kein Mitglied dem Parlamente angehörte, lauter durchaus unbekannte und bedeutungslose Individuen, ein Ministerium von bloßen Kommis und Schreibern. Die Ordnungspartei konnte sich jetzt im Spiele mit diesen Marionetten abarbeiten, die Exekutivgewalt hielt es nicht mehr der Mühe wert, ernsthaft in der Nationalversammlung vertreten zu sein. Bonaparte konzentrierte um so sichtbarer die ganze Exekutivgewalt in seiner Person, er hatte um so freiern Spielraum, sie zu seinen Zwecken auszubeuten, je mehr seine Minister reine Statisten waren.

Die mit der Montagne koalisierte Ordnungspartei rächte sich, indem sie die präsidentielle Dotation von 1 800 000 frs. verwarf, zu deren Vorlage das Haupt der Gesellschaft vom 10. Dezember seine ministeriellen Kommis gezwungen hatte. Diesmal entschied eine Majorität von nur 102 Stimmen, es waren also seit dem 18. Januar neuerdings 27 Stimmen abgefallen, die Auflösung der Ordnungspartei ging voran. Damit man sich keinen Augenblick über den Sinn ihrer Koalition mit der Montagne täusche, verschmähte sie gleichzeitig, einen von 189 Mitgliedern der Montagne unterzeichneten Antrag auf allgemeine Amnestie der politischen Verbrecher auch nur in Betracht zu ziehen. Es genügte, daß der Minister des Innern, ein gewisser Vaïsse, erklärte, die Ruhe sei nur scheinbar, im geheimen herrsche große Agitation, im geheimen organisierten sich allgegenwärtige Gesellschaften, die demokratischen Blätter machten Anstalten, um wieder zu erscheinen, die Berichte aus den Departements lauteten ungünstig, die Flüchtlinge von Genf leiteten eine Verschwörung über Lyon durch ganz Südfrankreich, Frankreich stehe am Rande einer industriellen und kommerziellen Krise, die Fabrikanten von Roubaix hätten die Arbeitszeit vermindert, die Gefangenen von Belle-Île[89] sich empört — es genügte, daß selbst nur ein Vaïsse das rote Gespenst heraufbeschwor, damit die Partei der Ordnung ohne Diskussion einen Antrag verwarf, der der Nationalversammlung eine ungeheure Popularität erobern und Bonaparte in ihre Arme zurückwerfen mußte. Statt sich von der Exekutivgewalt durch die Perspektive neuer Unruhen einschüchtern zu lassen, hätte sie vielmehr dem Klassenkampf einen kleinen Spielraum gewähren müssen, um die Exekutive von sich abhängig zu erhalten. Aber sie fühlte sich nicht der Aufgabe gewachsen, mit dem Feuer zu spielen.

Unterdessen vegetierte das sogenannte Übergangsministerium bis Mitte April fort. Bonaparte ermüdete, foppte die Nationalversammlung mit beständig neuen Ministerkombinationen. Bald schien er ein republikanisches Ministerium bilden zu wollen mit Lamartine und Billault, bald ein parlamentarisches mit dem unvermeidlichen Odilon Barrot, dessen Name nie fehlen darf, wenn ein dupe notwendig ist, bald ein legitimistisches mit Vatimesnil und Benoist d'Azy, bald ein orleanistisches mit Maleville. Während er so die verschiedenen Fraktionen der Ordnungspartei in Spannung gegeneinander erhält und sie insgesamt mit der Aussicht auf ein republikanisches Ministerium und die dann unvermeidlich gewordene Herstellung des allgemeinen Wahlrechts ängstet, bringt er gleichzeitig bei der Bourgeoisie die Überzeugung hervor, daß seine aufrichtigen Bemühungen um ein parlamentarisches Ministerium an der Unversöhnlichkeit der royalistischen Fraktionen scheitern. Die Bourgeoisie schrie aber um so lauter nach einer »starken Regierung«, sie fand es um so unverzeihlicher, Frankreich »ohne Administration« zu lassen, je mehr eine allgemeine Handelskrise nun im Anmarsche schien und in den Städten für den Sozialismus warb, wie der ruinierend niedrige Preis des Getreides auf dem Lande. Der Handel wurde täglich flauer, die unbeschäftigten Hände vermehrten sich zusehends, in Paris waren wenigstens 10000 Arbeiter brotlos, in Rouen, Mülhausen, Lyon, Roubaix, Tourcoing, St-Étienne, Elbeuf usw. standen zahllose Fabriken still. Unter diesen Umständen konnte Bonaparte es wagen, am 11. April das Ministerium vom 18. Januar zu restaurieren. Die Herren Rouher, Fould, Baroche etc., verstärkt durch Herrn Léon Faucher, den die konstituierende Versammlung während ihrer letzten Tage einstimmig mit Ausnahme von fünf Ministerstimmen wegen Verbreitung falscher telegraphischer Depeschen mit einem Mißtrauensvotum gebrandmarkt hatte. Die Nationalversammlung hatte also am 18. Januar einen Sieg über das Ministerium davongetragen, sie hatte während drei Monaten mit Bonaparte gekämpft, damit am 11. April Fould und Baroche den Puritaner Faucher als dritten in ihren ministeriellen Bund aufnehmen konnten[90].

November 1849 hatte sich Bonaparte mit einem *unparlamentarischen* Ministerium begnügt, Januar 1851 mit einem *außerparlamentarischen*, am 11. April fühlte er sich stark genug, ein *antiparlamentarisches* Ministerium zu bilden, das die Mißtrauensvota beider Versammlungen, der Konstituante und der Legislativen, der republikanischen und der royalistischen, harmonisch in sich vereinigte. Diese Stufenleiter von Ministerien war der Thermometer, woran das Parlament die Abnahme der eignen Lebenswärme messen konnte. Diese war Ende April so tief genug gesunken, daß Persigny den Changarnier in einer persönlichen Zusammenkunft auffordern konnte, in das Lager des Präsidenten überzugehn. Bonaparte, versicherte er ihm, betrachte den Einfluß der Nationalversammlung als vollständig vernichtet, und schon liege die Proklamation bereit, die nach dem beständig beabsichtigten, aber zufällig wieder aufgeschobenen coup d'état veröffentlicht werden solle. Changarnier teilte den Führern der Ordnungspartei die Todesanzeige mit, aber wer glaubt, daß der Biß von Wanzen töte? Und das Parlament, so geschlagen, so aufgelöst, so sterbefaul es war, konnte sich nicht überwinden, in dem Duelle mit dem grotesken Chef der

Gesellschaft vom 10. Dezember etwas andres zu sehen als das Duell mit einer Wanze. Aber Bonaparte antwortete der Partei der Ordnung wie Agesilaos dem Könige Agis: »*Ich scheine dir Ameise, aber ich werde einmal Löwe sein.*«[91]

VI

Die Koalition mit der Montagne[11] und den reinen Republikanern, wozu die Ordnungspartei[22] in ihren vergeblichen Anstrengungen, den Besitz der Militärgewalt zu behaupten und die oberste Leitung der Exekutivgewalt wieder zu erobern, sich verurteilt sah, bewies unwidersprechlich, daß sie die selbständige *parlamentarische Majorität* eingebüßt hatte. Die bloße Macht des Kalenders, der Stundenzeiger gab am 28. Mai das Signal ihrer völligen Auflösung. Mit dem 28. Mai begann das letzte Lebensjahr der Nationalversammlung. Sie mußte sich nun entscheiden für unveränderte Fortdauer oder für die Revision der Verfassung. Aber Revision der Verfassung, das hieß nicht nur Herrschaft der Bourgeoisie oder der kleinbürgerlichen Demokratie, Demokratie oder proletarische Anarchie, parlamentarische Republik oder Bonaparte, das hieß zugleich Orléans oder Bourbon! So fiel mitten in das Parlament der Erisapfel[92], an dem sich der Widerstreit der Interessen, welche die Ordnungspartei in feindliche Fraktionen sonderten, offen entzünden mußte. Die Ordnungspartei war eine Verbindung von heterogenen gesellschaftlichen Substanzen. Die Revisionsfrage erzeugte eine politische Temperatur, worin das Produkt wieder in seine ursprünglichen Bestandteile zerfiel.

Das Interesse der Bonapartisten an der Revision war einfach. Für sie handelte es sich vor allem um Abschaffung des Artikels 45, der Bonapartes Wiederwahl untersagte und die Prorogation seiner Gewalt. Nicht minder einfach schien die Stellung der Republikaner. Sie verwarfen unbedingt jede Revision, sie sahen in ihr eine allseitige Verschwörung gegen die Republik. Da sie über *mehr als ein Viertel der Stimmen* in der Nationalversammlung verfügten und verfassungsmäßig drei Viertel der Stimmen zum rechtsgültigen Beschlusse der Revision und zur Einberufung einer revidierenden Versammlung erfordert waren, brauchten sie nur ihre Stimmen zu zählen, um des Sieges sicher zu sein. Und sie waren des Sieges sicher.

Diesen klaren Stellungen gegenüber befand sich die Partei der Ordnung in unentwirrbaren Widersprüchen. Verwarf sie die Revision, so gefährdete sie den Status quo, indem sie Bonaparte nur noch einen Ausweg übrigließ, den der Gewalt, indem sie Frankreich am zweiten [Sonntag des Monats] Mai 1852[18], im Augenblicke der Entscheidung, der revolutionären Anarchie preisgab, mit einem Präsidenten, der seine Autorität verlor, mit einem Parlamente, das sie längst nicht mehr besaß, und mit einem Volke, das sie wieder zu erobern dachte. Stimmte sie für die verfassungsmäßige Revision, so wußte sie, daß sie umsonst stimmte und am Veto der Republikaner verfassungsmäßig scheitern müsse. Erklärte sie verfassungswidrig die einfache Stimmenmajorität für bindend, so konnte sie die Revolution nur zu beherrschen hoffen, wenn sie sich unbedingt der Botmäßigkeit der Exekutivgewalt unterwarf, so machte sie Bonaparte zum Meister über die Verfassung, über die Revision und über sich selbst. Eine nur teilweise Revision, welche die Gewalt des Präsidenten verlängerte, bahnte der imperialistischen Usurpation den Weg. Eine allgemeine Revision, welche die Existenz der Republik abkürzte, brachte die dynastischen Ansprüche in unvermeidlichen Konflikt, denn die Bedingungen für eine bourbonische und die Bedingungen für eine orleanistische Restauration waren nicht nur verschieden, sie schlossen sich wechselseitig aus.

Die parlamentarische Republik war mehr als das neutrale Gebiet, worin die zwei Fraktionen der französischen Bourgeoisie, Legitimisten und Orleanisten, großes Grundeigentum und Industrie, gleichberechtigt nebeneinander hausen konnten. Sie war die unumgängliche Bedingung ihrer *gemeinsamen* Herrschaft, die einzige Staatsform, worin ihr allgemeines Klasseninteresse sich zugleich die Ansprüche ihrer besondern Fraktionen wie alle übrigen Klassen der Gesellschaft unterwarf. Als Royalisten fielen sie in ihren alten Gegensatz zurück, in den Kampf um die Suprematie des Grundeigentums oder des Geldes, und der höchste Ausdruck dieses Gegensatzes, die Personifikation desselben, waren ihre Könige selbst, ihre Dynastien. Daher das Sträuben der Ordnungspartei gegen *die Rückberufung der Bourbonen*.

Der Orleanist und Volksrepräsentant Creton hatte 1849, 1850 und 1851 periodisch den Antrag gestellt, das Verbannungsdekret gegen die königlichen Familien aufzuheben. Das Parlament bot ebenso periodisch das Schauspiel einer Versammlung von Royalisten, welche ihren verbannten Königen hartnäckig die Tore verschließt, durch die sie heimkehren konnten. Richard III. hatte Heinrich VI. ermordet mit dem Bemerken, daß er zu gut für diese Welt sei und in den Himmel gehöre.[93] Sie erklärten Frankreich für zu schlecht, seine Könige wieder zu besitzen. Durch die Macht der Verhältnisse gezwungen, waren sie Republikaner geworden und sanktionierten wiederholt den Volksbeschluß, der ihre Könige aus Frankreich verwies.

Die Revision der Verfassung — und sie in Betracht zu ziehen, zwangen die Umstände — stellte mit der Republik zugleich die gemeinsame Herrschaft der beiden Bourgeoisfraktionen in Frage und rief, mit der Möglichkeit der Monarchie, die Rivalität der Interessen, die sie abwechselnd vorzugsweise vertreten hatte, ins Leben zurück, den Kampf um die Suprematie der einen Fraktion über die andre. Die Diplomaten der Ordnungspartei glaubten den Kampf schlichten zu können durch eine Verschmelzung beider Dynastien, durch eine sogenannte *Fusion* der royalistischen Parteien und ihrer Königshäuser. Die wirkliche Fusion der Restauration und der Julimonarchie war die parlamentarische Republik, worin orleanistische und legitimistische Farben ausgelöscht wurden und die Bourgeois-Arten in dem Bourgeois schlechtweg, in der Bourgeois-Gattung verschwanden. Jetzt aber sollte der Orleanist Legitimist, der Legitimist Orleanist werden. Das Königtum, worin sich ihr Gegensatz personifizierte, sollte ihre Einheit verkörpern, der Ausdruck ihrer ausschließlichen Fraktionsinteressen zum Ausdruck ihres gemeinsamen Klasseninteresses werden, die Monarchie das leisten, was nur die Aufhebung zweier Monarchien, die Republik, leisten konnte und geleistet hatte. Es war dies der Stein des Weisen, an dessen Herstellung sich die Doktoren der Ordnungspartei die Köpfe zerbrachen. Als könnte die legitime Monarchie jemals die Monarchie der industriellen Bourgeois oder das Bürgerkönigtum jemals das Königtum der angestammten Grundaristokratie werden. Als könnten Grundeigentum und Industrie sich unter *einer* Krone verbrüdern, wo die Krone nur auf ein Haupt fallen konnte, auf das Haupt des ältern Bruders oder des jüngern. Als könnte die Industrie sich überhaupt mit dem Grundeigentum ausgleichen, solange das Grundeigentum sich nicht entschließt, selbst industriell zu werden. Wenn Henri V morgen stürbe, der Graf von Paris würde darum nicht der König der Legitimisten, es sei denn, daß er aufhörte, der König der Orleanisten zu sein. Die Philosophen der Fusion jedoch, die sich in dem Maße breitmachten, als die Revisionsfrage in den Vordergrund trat, die sich in der »Assemblée nationale« ein offizielles Tagesorgan geschaffen hatten, die sogar in diesem Augenblicke (Februar 1852) wieder am Werke sind, erklärten sich die ganze Schwierigkeit aus dem Widerstreben und der Rivalität der beiden Dynastien. Die Versuche, die Familie Orléans mit Heinrich V. zu versöhnen, seit dem Tode Louis-Philippes begonnen, aber wie die dynastischen Intrigen überhaupt nur während der Ferien der Nationalversammlung, in den Zwischenakten, hinter den Kulissen gespielt, mehr sentimentale Koketterie mit dem alten Aberglauben als ernstgemeintes Geschäft, wurden nun zu Haupt- und Staatsaktionen und von der Ordnungspartei auf der öffentlichen Bühne aufgeführt, statt wie bisher auf dem Liebhabertheater. Die Kuriere flogen von Paris nach Venedig, von Venedig nach Claremont[58], von Claremont nach Paris. Der Graf von Chambord erläßt ein Manifest, worin er »mit Hülfe aller Glieder seiner Familie« nicht seine, sondern die »nationale« Restauration anzeigt. Der Orleanist Salvandy wirft sich Heinrich V. zu

Füßen. Die Legitimistenchefs Berryer, Benoist d'Azy, St-Priest wandern nach Claremont, um die Orléans zu überreden, aber vergeblich. Die Fusionisten gewahren zu spät, daß die Interessen der beiden Bourgeoisfraktionen weder an Ausschließlichkeit verlieren noch an Nachgiebigkeit gewinnen, wo sie in der Form von Familieninteressen, von Interessen zweier Königshäuser sich zuspitzen. Wenn Heinrich V. den Grafen von Paris als Nachfolger anerkannte — der einzige Erfolg, den die Fusion im besten Falle erzielen konnte —, so gewann das Haus Orléans keinen Anspruch, den ihm die Kinderlosigkeit Heinrichs V. nicht schon gesichert hätte, aber es verlor alle Ansprüche, die es durch die Julirevolution[94] erobert hatte. Es verzichtete auf seine Originalansprüche, auf alle Titel, die es in einem beinahe hundertjährigen Kampfe dem ältern Zweige der Bourbonen abgerungen, es tauschte seine historische Prärogative, die Prärogative seines Stammbaums aus. Die Fusion war also nichts als eine freiwillige Abdankung des Hauses Orléans, die legitimistische Resignation desselben, der reuige Rücktritt aus der protestantischen Staatskirche in die katholische. Ein Rücktritt, der es dazu nicht einmal auf den Thron, den es verloren hatte, sondern auf die Stufe des Throns brachte, auf der es geboren war. Die alten orleanistischen Minister Guizot, Duchâtel etc., die ebenfalls nach Claremont eilten, um die Fusion zu bevorworten, vertraten in der Tat nur den Katzenjammer über die Julirevolution, die Verzweiflung am Bürgerkönigtum und am Königtum der Bürger, den Aberglauben an die Legitimität als das letzte Amulett gegen die Anarchie. In ihrer Einbildung Vermittler zwischen Orléans und Bourbon, waren sie in der Wirklichkeit nur noch abgefallene Orleanisten, und als solche empfing sie der Prinz von Joinville. Der lebensfähige, kriegerische Teil der Orleanisten dagegen, Thiers, Baze usw., überzeugten die Familie Louis-Philippes um so leichter, daß, wenn jede unmittelbar monarchische Restauration die Fusion der beiden Dynastien, jede solche Fusion aber die Abdankung des Hauses Orléans voraussetzte, es dagegen ganz der Tradition ihrer Vorfahren entspreche, vorläufig die Republik anzuerkennen und abzuwarten, bis die Ereignisse erlaubten, den Präsidentenstuhl in einen Thron zu verwandeln. Joinvilles Kandidatur wurde gerüchtsweise ausgesprengt, die öffentliche Neugier in der Schwebe erhalten, und einige Monate später, nach Verwerfung der Revision, im September öffentlich proklamiert.

Der Versuch einer royalistischen Fusion zwischen Orleanisten und Legitimisten war so nicht nur gescheitert, er hatte ihre *parlamentarische Fusion,* ihre republikanische Gemeinform gebrochen und die Ordnungspartei wieder in ihre ursprünglichen Bestandteile zersetzt; aber je mehr die Entfremdung zwischen Claremont und Venedig wuchs, ihre Ausgleichung sich zerschlug, die Joinville-Agitation um sich griff, desto eifriger, ernster wurden die Verhandlungen zwischen Faucher, dem Minister Bonapartes, und den Legitimisten.

Die Auflösung der Ordnungspartei blieb nicht bei ihren ursprünglichen Elementen stehen. Jede der beiden großen Fraktionen zersetzte sich ihrerseits von neuem. Es war, als wenn alle die alten Nuancen, die sich früher innerhalb jedes der beiden Kreise, sei es des legitimen, sei es des orleanistischen, bekämpft und gedrängt hatten, wieder aufgetaut wären, wie vertrocknete Infusorien bei Berührung mit Wasser, als wenn sie von neuem Lebenskraft genug gewonnen hätten, um eigne Gruppen und selbständige Gegensätze zu bilden. Die Legitimisten träumten sich zurück in die Streitfragen zwischen den Tuilerien und dem Pavillon Marsan, zwischen Villèle und Polignac.[95] Die Orleanisten durchlebten von neuem die goldene Zeit der Turniere zwischen Guizot, Molé, Broglie, Thiers und Odilon Barrot.

Der revisionslustige, aber über die Grenzen der Revision wieder uneinige Teil der Ordnungspartei, zusammengesetzt aus den Legitimisten unter Berryer und Falloux einerseits, unter Larochejaquelein andrerseits und den kampfmüden Orleanisten unter Molé, Broglie, Montalembert und Odilon Barrot, vereinbarte sich mit den bonapartistischen Repräsentanten zu folgendem unbestimmten und weitgefaßten Antrage:

»Die unterzeichneten Repräsentanten, mit dem Zwecke, der Nation die volle Ausübung ihrer Souveränität wiederzugeben, stellen die Motion, daß die Verfassung revidiert werde.«[96]

Gleichzeitig aber erklärten sie einstimmig durch ihren Berichterstatter Tocqueville, die Nationalversammlung habe nicht das Recht, die *Abschaffung der Republik* zu beantragen, dies Recht stehe nur der Revisionskammer zu. Übrigens könne die Verfassung nur auf *»legale« Weise* revidiert werden, also nur, wenn das verfassungsmäßig vorgeschriebene Dreiviertel der Stimmenzahl für Revision entscheide. Nach sechstägigen stürmischen Debatten, am 19. Juli, wurde die Revision, wie vorherzusehn, verworfen. Es stimmten 446 dafür, aber 278 dagegen. Die entschiedenen Orleanisten Thiers, Changarnier etc. stimmten mit den Republikanern und der Montagne.

Die Majorität des Parlaments erklärte sich so gegen die Verfassung, aber diese Verfassung selbst erklärte sich für die Minorität und ihren Beschluß für bindend. Hatte aber die Ordnungspartei nicht am 31. Mai 1850[76], nicht am 13. Juni 1849 die Verfassung der parlamentarischen Majorität untergeordnet? Beruhte ihre ganze bisherige Politik nicht auf der Unterordnung der Verfassungsparagraphen unter die parlamentarischen Majoritätsbeschlüsse? Hatte sie den alttestamentarischen Aberglauben an den Buchstaben des Gesetzes nicht den Demokraten überlassen und an den Demokraten gezüchtigt? In diesem Augenblicke aber hieß Revision der Verfassung nichts andres als Fortdauer der präsidentiellen Gewalt, wie Fortdauer der Verfassung nichts andres hieß als Absetzung Bonapartes. Das Parlament hatte sich für ihn erklärt, aber die Verfassung erklärte sich gegen das Parlament. Er handelte also im Sinne des Parlaments, wenn er die Verfassung zerriß, und er handelte im Sinne der Verfassung, wenn er das Parlament auseinanderjagte.

Das Parlament hatte die Verfassung und mit ihr seine eigene Herrschaft »außerhalb der Majorität« erklärt, es hatte durch seinen Beschluß die Verfassung aufgehoben und die präsidentielle Gewalt verlängert und zugleich erklärt, daß weder die eine sterben noch die andre leben könne, solange es selbst fortbestehe. Die Füße derer, die es begraben sollten, standen vor der Türe. Während es die Revision debattierte, entfernte Bonaparte den General Baraguay d'Hilliers, der sich unschlüssig zeigte, von dem Kommando der ersten Militärdivision und ernannte an seine Stelle den General Magnan, den Sieger von Lyon[63], den Helden der Dezembertage, eine seiner Kreaturen, die sich schon unter Louis-Philippe bei Gelegenheit der Expedition von Boulogne[79] mehr oder minder für ihn kompromittiert hatte.

Die Ordnungspartei bewies durch ihren Beschluß über die Revision, daß sie weder zu herrschen noch zu dienen, weder zu leben noch zu sterben, weder die Republik zu ertragen noch sie umzustürzen, weder die Verfassung aufrechtzuerhalten noch sie über den Haufen zu werfen, weder mit dem Präsidenten zusammenzuwirken noch mit ihm zu brechen verstand. Von wem erwartete sie denn die Lösung aller Widersprüche? Von dem Kalender, von dem Gang der Ereignisse. Sie hörte auf, sich die Gewalt über die Ereignisse anzumaßen. Sie forderte also die Ereignisse heraus, ihr Gewalt anzutun, und damit die Macht, woran sie im Kampfe mit dem Volke ein Attribut nach dem andern abgetreten hatte, bis sie selbst ihr gewaltlos gegenüberstand. Damit der Chef der Exekutivgewalt desto ungestörter den Kampfplan gegen sie entwerfen, seine Angriffsmittel verstärken, seine Werkzeuge auswählen, seine Positionen befestigen könne, beschloß sie, mitten in diesem kritischen Augenblicke von der Bühne abzutreten und sich auf drei Monate zu vertagen, vom 10. August bis 4. November.

Die parlamentarische Partei war nicht nur in ihre zwei großen Fraktionen, jede dieser Fraktionen war nicht nur innerhalb ihrer selbst aufgelöst, sondern die Ordnungspartei im Parlamente war mit der Ordnungspartei *außerhalb* des Parlaments zerfallen. Die Wort- und die Schriftgelehrten der Bourgeoisie, ihre Tribüne und ihre Presse, kurz, die Ideologen der Bourgeoisie und die Bourgeoisie selbst, die Repräsentanten und die Repräsentierten, standen sich entfremdet gegenüber und verstanden sich nicht mehr.

Die Legitimisten in den Provinzen, mit ihrem beschränkten Horizont und ihrem unbeschränkten Enthusiasmus, bezüchtigten ihre parlamentarischen Führer, Berryer und Falloux, der Desertion ins bonapartistische Lager und des Abfalls von Heinrich V. Ihr Lilienverstand[97] glaubte an den Sündenfall, aber nicht an die Diplomatie.

Ungleich verhängnisvoller und entscheidender war der Bruch der kommerziellen Bourgeoisie mit ihren Politikern. Sie warf ihnen vor, nicht wie die Legitimisten den ihren, von dem Prinzip abgefallen zu sein, sondern umgekehrt, an unnütz gewordenen Prinzipien festzuhalten.

Ich habe schon früher angedeutet, daß seit dem Eintritt Foulds ins Ministerium der Teil der kommerziellen Bourgeoisie, der den Löwenanteil an Louis-Philippes Herrschaft besessen hatte, daß die *Finanzaristokratie* bonapartistisch geworden war. Fould vertrat nicht nur Bonapartes Interesse an der Börse, er vertrat zugleich das Interesse der Börse bei Bonaparte. Die Stellung der Finanzaristokratie schildert am schlagendsten ein Zitat aus ihrem europäischen Organ, dem Londoner *»Economist«*. In seiner Nummer vom 1. Februar 1851 läßt er sich aus Paris schreiben:

»Nun haben wir es konstatiert von allen Seiten her, daß Frankreich vor allem nach Ruhe verlangt. Der Präsident erklärt es in seiner Botschaft an die legislative Versammlung[83], es tönt als Echo zurück von der nationalen Rednertribüne, es wird beteuert von den Zeitungen, es wird verkündet von der Kanzel, *es wird bewiesen durch die Empfindlichkeit der Staatspapiere bei der geringsten Aussicht auf Störung, durch ihre Festigkeit, sooft die Exekutivgewalt siegt.*«

In seiner Nummer vom 29. November 1851 erklärt der *»Economist«* in seinem eignen Namen:

»*Auf allen Börsen von Europa ist der Präsident nun als die Schildwache der Ordnung anerkannt.*«

Die Finanzaristokratie verdammte also den parlamentarischen Kampf der Ordnungspartei mit der Exekutivgewalt als eine *Störung der Ordnung* und feierte jeden Sieg des Präsidenten über ihre angeblichen Repräsentanten als einen *Sieg der Ordnung*. Man muß hier unter der Finanzaristokratie nicht nur die großen Anleihunternehmer und Spekulanten in Staatspapieren verstehn, von denen es sich sofort begreift, daß ihr Interesse mit dem Interesse der Staatsgewalt zusammenfällt. Das ganze moderne Geldgeschäft, die ganze Bankwirtschaft ist auf das innigste mit dem öffentlichen Kredit verwebt. Ein Teil ihres Geschäftskapitals wird notwendig in schnell konvertiblen Staatspapieren angelegt und verzinst. Ihre Depositen, das ihnen zur Verfügung gestellte und von ihnen unter Kaufleute und Industrielle verteilte Kapital strömt teilweis aus den Dividenden der Staatsrentner her. Der ganze Geldmarkt und die Priester dieses Geldmarkts, wenn zu jeder Epoche die Stabilität der Staatsgewalt Moses und die Propheten für sie bedeutet hat, wie nicht erst heute, wo jede Sündflut mit den alten Staaten die alten Staatsschulden wegzuschwemmen droht?

Auch die *industrielle Bourgeoisie* ärgerte sich in ihrem Ordnungsfanatismus über die Zänkereien der parlamentarischen Ordnungspartei mit der Exekutivgewalt. Thiers, Anglès, Sainte-Beuve usw. erhielten nach ihrem Votum vom 18. Januar, bei Gelegenheit der Absetzung Changarniers, von ihren Mandatgebern gerade aus den industriellen Bezirken öffentliche Zurechtweisungen, worin namentlich ihre Koalition mit der Montagne als Hochverrat an der Ordnung gegeißelt wurde. Wenn wir gesehn haben, daß die prahlerischen Neckereien, die kleinlichen Intrigen, worin sich der Kampf der Ordnungspartei mit dem Präsidenten kundgab, keine bessere Aufnahme verdienten, so war andererseits diese Bourgeoispartei, die von ihren Vertretern verlangt, die Militärgewalt aus den Händen ihres eignen Parlaments widerstandslos in die eines abenteuernden Prätendenten übergehn zu lassen, nicht einmal der Intrigen wert, die in ihrem Interesse verschwendet wurden. Sie bewies, daß der Kampf um die Behauptung ihres *öffentlichen* Interesses, ihres eignen *Klas-*

seninteresses, ihrer *politischen Macht,* sie als Störung des Privatgeschäfts nur belästige und verstimme.

Die bürgerlichen Honoratioren der Departementalstädte, die Magistrate, Handelsrichter usw. empfingen mit kaum einer Ausnahme Bonaparte überall auf seinen Rundreisen in der servilsten Weise, selbst wenn er wie in Dijon die Nationalversammlung und speziell die Ordnungspartei rückhaltlos angriff.[98]

Wenn der Handel gut ging, wie noch Anfang 1851, tobte die kommerzielle Bourgeoisie gegen jeden parlamentarischen Kampf, damit dem Handel ja nicht der Humor ausgehe. Wenn der Handel schlecht ging, wie fortdauernd seit Ende Februar 1851, klagte sie die parlamentarischen Kämpfe als Ursache der Stockung an und schrie nach ihrem Verstummen, damit der Handel wieder laut werde. Die Revisionsdebatten fielen gerade in diese schlechte Zeit. Da es sich hier um Sein oder Nichtsein der bestehenden Staatsform handelte, fühlte sich die Bourgeoisie um so berechtigter, von ihren Repräsentanten das Ende dieses folternden Provisoriums und zugleich die Erhaltung des Status quo zu verlangen. Es war dies kein Widerspruch. Unter dem Ende des Provisoriums verstand sie gerade seine Fortdauer, das Hinausschieben des Augenblicks, wo es zu einer Entscheidung kommen mußte, in eine blaue Ferne. Der Status quo konnte nur auf zwei Wegen erhalten werden: Verlängerung der Gewalt Bonapartes oder verfassungsmäßiger Abtritt desselben und Wahl Cavaignacs. Ein Teil der Bourgeoisie wünschte die letztere Lösung und wußte seinen Repräsentanten keinen bessern Rat zu geben, als zu schweigen, den brennenden Punkt unberührt zu lassen. Wenn ihre Repräsentanten nicht sprächen, meinten sie, werde Bonaparte nicht handeln. Sie wünschten sich ein Straußenparlament, das seinen Kopf verstecke, um ungesehn zu bleiben. Ein andrer Teil der Bourgeoisie wünschte Bonaparte, weil er einmal auf dem Präsidentenstuhl saß, auf dem Präsidentenstuhl sitzenzulassen, damit alles im alten Geleise bleibe. Es empörte sie, daß ihr Parlament nicht offen die Konstitution brach und ohne Umstände abdankte.

Die Generalräte der Departements, diese Provinzialvertretungen der großen Bourgeoisie, die während der Ferien der Nationalversammlung vom 25. August an tagten, erklärten sich fast einstimmig für die Revision, also gegen das Parlament und für Bonaparte.

Noch unzweideutiger als den Zerfall mit ihren *parlamentarischen Repräsentanten* legte die Bourgeoisie ihre Wut über ihre literarischen Vertreter, über ihre eigne Presse, an den Tag. Die Verurteilungen zu unerschwinglichen Geldsummen und zu schamlosen Gefängnisstrafen durch die Bourgeois-Jurys für jeden Angriff der Bourgeois-Journalisten auf die Usurpationsgelüste Bonapartes, für jeden Versuch der Presse, die politischen Rechte der Bourgeoisie gegen die Exekutivgewalt zu verteidigen, setzten nicht nur Frankreich, sondern ganz Europa in Erstaunen.

Wenn die *parlamentarische Ordnungspartei,* wie ich gezeigt habe, durch ihr Schreien nach Ruhe sich selbst zur Ruhe verwies, wenn sie die politische Herrschaft der Bourgeoisie für unverträglich mit der Sicherheit und dem Bestand der Bourgeoisie erklärte, indem sie im Kampfe gegen die andern Klassen der Gesellschaft alle Bedingungen ihres eignen Regimes, des parlamentarischen Regimes, mit eigner Hand vernichtete, so forderte dagegen die *außerparlamentarische Masse der Bourgeoisie* durch ihre Servilität gegen den Präsidenten, durch ihre Schmähungen gegen das Parlament, durch die brutale Mißhandlung der eignen Presse Bonaparte auf, ihren sprechenden und schreibenden Teil, ihre Politiker und ihre Literaten, ihre Rednertribüne und ihre Presse zu unterdrükken, zu vernichten, damit sie nun vertrauensvoll unter dem Schutze einer starken und uneingeschränkten Regierung ihren Privatgeschäften nachgehen könne. Sie erklärte unzweideutig, daß sie ihre eigne politische Herrschaft loszuwerden schmachte, um die Mühen und Gefahren der Herrschaft loszuwerden.

Und sie, die sich schon gegen den bloß parlamentarischen und literarischen Kampf für die Herrschaft ihrer eignen Klasse empört und die Führer dieses Kampfes verraten hatte, sie wagt jetzt nachträglich das Proletariat anzuklagen, daß es nicht zum blutigen Kampfe, zum Kampfe auf Leben und Tod für sie aufgestanden sei! Sie, die jeden Augenblick ihr allgemeines Klasseninteresse, d. h. ihr politisches Interesse, dem borniertesten, schmutzigsten Privatinteresse aufopferte und an ihre Vertreter die Zumutung eines ähnlichen Opfers stellte, sie jammert jetzt, das Proletariat habe seinen materiellen Interessen ihre idealen politischen Interessen geopfert. Sie gebart sich als schöne Seele, die von dem durch Sozialisten irregeleiteten Proletariat verkannt und im entscheidenden Augenblicke verlassen worden sei. Und sie findet ein allgemeines Echo in der bürgerlichen Welt. Ich spreche natürlich hier nicht von deutschen Winkelpolitikern und Gesinnungslümmeln. Ich verweise z. B. auf denselben »*Economist*«, der noch am 29. November 1851, also vier Tage vor dem Staatsstreich, Bonaparte für die »Schildwache der Ordnung«, die Thiers und Berryer aber für »Anarchisten« erklärt hatte und schon am 27. Dezember 1851, nachdem Bonaparte jene Anarchisten zur Ruhe gebracht hat, über den Verrat schreit, den »ignorante, unerzogne, stupide Proletariermassen an dem Geschick, der Kenntnis, der Disziplin, dem geistigen Einfluß, den intellektuellen Hülfsquellen und dem moralischen Gewicht der mittleren und höheren Gesellschaftsränge« verübt hätten. Die stupide, ignorante und gemeine Masse war niemand anders als die Bourgeoismasse selbst.

Frankreich hatte allerdings im Jahre 1851 eine Art von kleiner Handelskrisis erlebt. Ende Februar zeigte sich Verminderung des Exports gegen 1850, im März litt der Handel und schlossen sich die Fabriken, im April schien der Stand der industriellen Departements so verzweifelt wie nach den Februartagen[8], im Mai war das Geschäft noch nicht wieder aufgelebt, noch am 28. Juni zeigte das Portefeuille der Bank von Frankreich durch ein ungeheures Wachsen der Depositen und eine ebenso große Abnahme der Vorschüsse auf Wechsel den Stillstand der Produktion, und erst Mitte Oktober trat wieder eine progressive Besserung des Geschäfts ein. Die französische Bourgeoisie erklärte sich diese Handelsstockung aus rein politischen Gründen, aus dem Kampfe zwischen dem Parlamente und der Exekutivgewalt, aus der Unsicherheit einer nur provisorischen Staatsform, aus der Schreckensaussicht auf den zweiten [Sonntag des Monats] Mai 1852. Ich will nicht leugnen, daß alle diese Umstände einige Industriezweige in Paris und in den Departements herabdrückten. Jedenfalls war aber diese Einwirkung der politischen Verhältnisse nur lokal und unerheblich. Bedarf es eines andern Beweises, als daß die Besserung des Handels gerade in dem Augenblicke eintrat, wo sich der politische Zustand verschlechterte, der politische Horizont verdunkelte und jeden Augenblick ein Blitzstrahl aus dem Elysium[37] erwartet wurde, gegen Mitte Oktober? Der französische Bourgeois, dessen »Geschick, Kenntnis, geistige Einsicht und intellektuelle Hülfsquellen« nicht weiter reichen als seine Nase, konnte übrigens während der ganzen Dauer der Industrieausstellung in London[99] mit der Nase auf die Ursache seiner Handelsmisere stoßen. Während in Frankreich die Fabriken geschlossen wurden, brachen in England kommerzielle Bankerutte aus. Während der industrielle Panik im April und Mai einen Höhepunkt in Frankreich erreichte, erreichte der kommerzielle Panik April und Mai einen Höhepunkt in England. Wie die französische litt die englische Wollindustrie, wie die französische die englische Seidenmanufaktur. Wenn die englischen Baumwollfabriken weiterarbeiteten, geschah es nicht mehr mit demselben Profit wie 1849 und 1850. Der Unterschied war nur der, daß die Krise in Frankreich industriell, in England kommerziell, daß während in Frankreich die Fabriken stillsetzten, sie sich in England ausdehnten, aber unter ungünstigeren Bedingungen als in den vorhergehenden Jahren, daß in Frankreich der Export, in England der Import die Hauptschläge erhielt. Die gemeinsame Ursache, die natürlich nicht innerhalb der Grenzen des französisch-politischen Horizonts zu suchen ist, war augenscheinlich. 1849 und 1850 waren Jahre der größten materiellen Prosperität und einer Überproduktion, die erst 1851 als solche hervortrat. Sie wurde im Anfang dieses Jahres durch die Aussicht auf die Industrieausstellung noch besonders befördert. Als eigentümliche Umstände kamen hinzu: erst der Mißwachs der Baumwollenernte von 1850 und 1851, dann die Sicherheit einer größern Baumwollenernte als erwartet war, erst das Steigen, dann das plötzliche Fallen, kurz die Schwankungen der Baumwollenpreise. Die Rohseidenernte war wenigstens in Frankreich noch unter dem Durchschnittsertrag ausgefallen. Die Wollenmanufaktur endlich hatte sich seit 1848 so sehr ausgedehnt, daß die Wollproduktion ihr nicht nachfolgen konnte und der Preis der Rohwolle in einem großen Mißverhältnisse zu dem Preise der Wollfabrikate stieg. Hier haben wir also in dem Rohmaterial von drei Weltmarktindustrien schon dreifaches Material zu einer Handelsstockung. Von diesen besondern Umständen abgesehn, war die scheinbare Krise des Jahres 1851 nichts anders als der Halt, den Überproduktion und Überspekulation jedesmal in der Beschreibung des industriellen Kreislaufes macht, bevor sie alle ihre Kraftmittel zusammenrafft, um fieberhaft den letzten Kreisabschnitt zu durchjagen und bei ihrem Ausgangspunkt, der *allgemeinen Handelskrise,* wieder anzulangen. In solchen Intervallen der Handelsgeschichte brechen in England kommerzielle Bankerutte aus, während in Frankreich die Industrie selbst stillgesetzt wird, teils durch die gerade dann unerträglich werdende Konkurrenz der Engländer auf allen Märkten zum Rückzug gezwungen, teils als Luxusindustrie vorzugsweise von jeder Geschäftsstockung angegriffen. So macht Frankreich außer den allgemeinen Krisen seine eignen nationalen Handelskrisen durch, die jedoch weit mehr durch den allgemeinen Stand des Weltmarkts als durch französische Lokaleinflüsse bestimmt und bedingt werden. Es wird nicht ohne Interesse sein, dem Vorurteil des französischen Bourgeois das Urteil des englischen Bourgeois gegenüberzustellen. Eins der größten Liverpooler Häuser schreibt in seinem Jahreshandelsberichte für 1851:

»Wenige Jahre haben die bei ihrem Beginn gehegten Antizipationen mehr getäuscht als das eben abgelaufene; statt der großen Prosperität, der man einstimmig entgegensah, bewies es sich als eins der entmutigendsten Jahre seit einem Vierteljahrhundert. Es gilt dies natürlich nur von den merkantilen, nicht von den industriellen Klassen. Und doch waren sicherlich Gründe vorhanden, beim Beginne des Jahres auf das Gegenteil zu schließen; die Produktenvorräte waren spärlich, Kapital überflüssig, Nahrungsmittel wohlfeil, ein reicher Herbst war gesichert; ungebrochner Friede auf dem Kontinent und keine politischen oder finanziellen Störungen zu Hause; in der Tat, die Flügel des Handels waren nie fesselloser... Wem dies ungünstige Resultat zuschreiben? Wir glauben dem *Überhandel* sowohl in Importen als Exporten. Wenn unsere Kaufleute nicht selbst ihrer Tätigkeit engere Grenzen ziehen, kann uns nichts im Gleise halten als alle drei Jahr ein Panic.«[100]

Man stelle sich nun den französischen Bourgeois vor, wie mitten in diesem Geschäftspanik sein handelskrankes Gehirn gefoltert, umschwirrt, betäubt wird von Gerüchten über Staatsstreiche und Herstellung des allgemeinen Wahlrechts, von dem Kampfe zwischen Parlament und Exekutivgewalt, von dem Frondekrieg der Orleanisten und Legitimisten, von den kommunistischen Konspirationen in Südfrankreich, von angeblichen Jacquerien in den Nièvre- und Cher-Departements, von den Reklamen der verschiedenen Präsidentschaftskandidaten, von den marktschreierischen Losungen der Journale, von den Drohungen der Republikaner, mit den Waffen in der Hand die Konstitution und das allgemeine Stimmrecht behaupten zu wollen, von den Evangelien der emigrierten Helden in partibus[20], die den Weltuntergang für den zweiten [Sonntag des Monats] Mai 1852 anzeigten, und man begreift, daß der Bourgeois in dieser unsäglichen, geräuschvollen Konfusion von Fusion, Revision, Prorogation, Konstitution, Konspiration, Koalition, Emigration, Usurpation und Revolution seiner parlamentarischen Republik toll zuschnaubt: *»Lieber ein Ende mit Schrecken als ein Schrecken ohn' Ende!«*[101]

Bonaparte verstand diesen Schrei. Sein Begriffsvermögen wurde geschärft durch den wachsenden Ungestüm von Gläubigern, die mit jedem Sonnenuntergang, der den Verfalltag, den zweiten [Sonntag des Monats] Mai 1852 näherrückte, einen Protest der Gestirnbewegung gegen ihre irdischen Wechsel erblickten. Sie waren zu wahren Astrologen geworden. Die Nationalversammlung hatte Bonaparte die Hoffnung auf konstitutionelle Prorogation seiner Gewalt abgeschnitten, die Kandidatur des Prinzen von Joinville gestattete kein längeres Schwanken.

Wenn je ein Ereignis lange vor seinem Eintritt seinen Schatten vor sich hergeworfen hat, so war es Bonapartes Staatsstreich. Schon am 29. Januar 1849, kaum einen Monat nach seiner Wahl, hatte er den Vorschlag dazu dem Changarnier gemacht. Sein eigner Premierminister Odilon Barrot hatte im Sommer 1849 verhüllt, Thiers im Winter 1850 offen die Politik der Staatsstreiche denunziert. Persigny hatte im Mai 1851 Changarnier noch einmal für den Coup zu gewinnen gesucht, der »Messager de l'Assemblée« hatte diese Unterhaltung veröffentlicht. Die bonapartistischen Journale drohten bei jedem parlamentarischen Sturme mit einem Staatsstreich, und je näher die Krise rückte, desto lauter wurde ihr Ton. In den Orgien, die Bonaparte jede Nacht mit männlichem und weiblichem swell mob[1] feierte, sooft die Mitternachtsstunde heranrückte und reichliche Libationen die Zunge gelöst und die Phantasie erhitzt hatten, wurde der Staatsstreich für den folgenden Morgen beschlossen. Die Schwerter wurden gezogen, die Gläser klirrten, die Repräsentanten flogen zum Fenster hinaus, der Kaisermantel fiel auf die Schultern Bonapartes, bis der nächste Morgen wieder den Spuk vertrieb und das erstaunte Paris von wenig verschlossenen Vestalinnen und indiskreten Paladinen die Gefahr erfuhr, der es noch einmal entwischt war. In den Monaten September und Oktober

[1] Hochstaplergesindel

überstürzten sich die Gerüchte von einem coup d'état. Der Schatten nahm zugleich Farbe an, wie ein buntes Daguerreotyp. Man schlage die Monatsgänge für September und Oktober in den Organen der europäischen Tagespresse nach, und man wird wörtlich Andeutungen wie folgende finden: »Staatsstreichgerüchte erfüllen Paris. Die Hauptstadt soll während der Nacht mit Truppen gefüllt werden und der andre Morgen Dekrete bringen, die die Nationalversammlung auflösen, das Departement der Seine in Belagerungszustand versetzen, das allgemeine Wahlrecht wiederherstellen, ans Volk appellieren. Bonaparte soll Minister für die Ausführung dieser illegalen Dekrete suchen.« Die Korrespondenzen, die diese Nachrichten bringen, enden stets verhängnisvoll mit »*aufgeschoben*«. Der Staatsstreich war stets die fixe Idee Bonapartes.[79] Mit dieser Idee hatte er den französischen Boden wieder betreten. Sie besaß ihn so sehr, daß er sie fortwährend verriet und ausplauderte. Er war so schwach, daß er sie ebenso fortwährend wieder aufgab. Der Schatten des Staatsstreiches war den Parisern als Gespenst so familiär geworden, daß sie nicht an ihn glauben wollten, als er endlich in Fleisch und Blut erschien. Es war also weder die verschlossene Zurückhaltung des Chefs der Gesellschaft vom 10. Dezember noch eine ungeahnte Überrumpelung von seiten der Nationalversammlung, was den Staatsstreich gelingen ließ. Wenn er gelang, gelang er trotz *seiner* Indiskretion und mit *ihrem* Vorwissen, ein notwendiges, unvermeidliches Resultat der vorhergegangenen Entwicklung.

Am 10. Oktober kündete Bonaparte seinen Ministern den Entschluß an, das allgemeine Wahlrecht wiederherstellen zu wollen, am 16. gaben sie ihre Entlassung, am 26. erfuhr Paris die Bildung des Ministeriums Thorigny. Der Polizeipräfekt Carlier wurde gleichzeitig durch Maupas ersetzt, der Chef der ersten Militärdivision, Magnan, zog die zuverlässigsten Regimenter der Hauptstadt zusammen. Am 4. November eröffnete die Nationalversammlung wieder ihre Sitzungen. Sie hatte nichts mehr zu tun, als in einem kurzen bündigen Repetitorium den Kursus, den sie durchgemacht hatte, zu wiederholen und zu beweisen, daß sie erst begraben wurde, nachdem sie gestorben war.

Der erste Posten, den sie im Kampfe mit der Exekutivgewalt eingebüßt hatte, war das Ministerium. Sie mußte diesen Verlust feierlich eingestehn, indem sie das Ministerium Thorigny, ein bloßes Scheinministerium, als voll hinnahm. Die Permanenzkommission[69] hatte Herrn Giraud mit Lachen empfangen, als er sich im Namen der neuen Minister vorstellte. Ein so schwaches Ministerium für so starke Maßregeln wie die Wiederherstellung des allgemeinen Wahlrechts! Aber es handelte sich eben darum, nichts *im* Parlament, alles *gegen* das Parlament durchzusetzen.

Gleich am ersten Tage ihrer Wiedereröffnung erhielt die Nationalversammlung die Botschaft Bonapartes, worin er Wiederherstellung des allgemeinen Wahlrechts und Abschaffung des Gesetzes vom 31. Mai 1850 verlangte. Seine Minister brachten an demselben Tage ein Dekret in diesem Sinne ein. Die Versammlung verwarf den Dringlichkeitsantrag der Minister sofort und das Gesetz selbst am 13. November, mit 355 gegen 348 Stimmen. Sie zerriß so noch einmal ihr Mandat, sie bestätigte noch einmal, daß sie sich aus der freigewählten Repräsentation des Volkes in das usurpatorische Parlament einer Klasse verwandelt, sie bekannte noch einmal, daß sie selbst die Muskeln entzweigeschnitten hatte, die den parlamentarischen Kopf mit dem Körper der Nation verbanden.

Wenn die Exekutivgewalt durch ihren Antrag auf Wiederherstellung des allgemeinen Wahlrechts von der Nationalversammlung an das Volk, appellierte die gesetzgebende Gewalt durch ihre Quästorenbill[49] von dem Volke an die Armee. Diese Quästorenbill sollte ihr Recht auf unmittelbare Requisition der Truppen, auf Bildung einer parlamentarischen Armee festsetzen. Wenn sie so die Armee zum Schiedsrichter zwischen sich und dem Volke, zwischen sich und Bonaparte ernannte, wenn sie die Armee als entscheidende Staatsgewalt anerkannte, mußte sie andrerseits bestätigen, daß sie längst den Anspruch auf Herrschaft über dieselbe aufgegeben habe. Indem sie, statt sofort Truppen zu requirieren, das Recht der Requisition debattierte, verriet sie den Zweifel an ihrer eignen Macht. Indem sie die Quästorenbill verwarf, gestand sie offen ihre Ohnmacht. Diese Bill fiel durch mit einer Minorität von 108 Stimmen, die Montagne hatte so den Ausschlag gegeben. Sie befand sich in der Lage von Buridans Esel[102], zwar nicht zwischen zwei Säcken Heu, um zu entscheiden, welcher der anziehendere, wohl aber zwischen zwei Trachten Prügel, um zu entscheiden, welche die härtere sei. Auf der einen Seite die Furcht vor Changarnier, auf der andern die Furcht vor Bonaparte. Man muß gestehn, daß die Lage keine heroische war.

Am 18. November wurde zu dem von der Ordnungspartei eingebrachten Gesetze über die Kommunalwahlen das Amendement gestellt, daß statt drei Jahren ein Jahr Domizil für die Kommunalwähler genügen solle. Das Amendement fiel mit einer einzigen Stimme durch, aber diese eine Stimme stellte sich sofort als ein Irrtum heraus. Die Ordnungspartei hatte durch Zersplitterung in ihre feindlichen Fraktionen längst ihre selbständig-parlamentarische Majorität eingebüßt. Sie zeigte jetzt, daß überhaupt keine Majorität im Parlament mehr vorhanden war. Die Nationalversammlung war *beschlußunfähig* geworden. Ihre atomistischen Bestandteile hingen durch keine Kohäsionskraft mehr zusammen, sie hatte ihren letzten Lebensatem verbraucht, sie war tot.

Die außerparlamentarische Masse der Bourgeoisie endlich sollte ihren Bruch mit der Bourgeoisie im Parlament noch einmal einige Tage vor der Katastrophe feierlich bestätigen. Thiers, als parlamentarischer Held vorzugsweise von der unheilbaren Krankheit des parlamentarischen Kretinismus angesteckt, hatte nach dem Tode des Parlaments eine neue parlamentarische Intrige mit dem Staatsrate ausgeheckt, ein Verantwortlichkeitsgesetz, das den Präsidenten in die Schranken der Verfassung festbannen sollte. Wie Bonaparte am 15. September bei Grundlegung zu den neuen Markthallen von Paris die dames des halles, die Fischweiber, als zweiter

Masaniello bezaubert hatte — allerdings wog ein Fischweib an realer Gewalt 17 Burggrafen[74] auf —, wie er nach Vorlegung der Quästorenbill die in dem Elysée traktierten Leutnants begeisterte, so riß er jetzt am 25. November die industrielle Bourgeoisie mit sich fort, die im Zirkus versammelt war, um aus seiner Hand Preismedaillen für die Londoner Industrieausstellung entgegenzunehmen. Ich gebe den bezeichnenden Teil seiner Rede nach dem »Journal des Débats«:

»Mit solch unverhofften Erfolgen bin ich berechtigt zu wiederholen, wie groß die Französische Republik sein würde, wenn es ihr gestattet wäre, ihre realen Interessen zu verfolgen und ihre Institutionen zu reformieren, statt beständig gestört zu werden einerseits durch die Demagogen, andrerseits durch die monarchischen Halluzinationen. (Lauter, stürmischer und wiederholter Applaus von jedem Teile des Amphitheaters.) Die monarchischen Halluzinationen verhindern allen Fortschritt und alle ernsten Industriezweige. Statt des Fortschritts nur Kampf. Man sieht Männer, die früher die eifrigsten Stützen der königlichen Autorität und Prärogative waren, Parteigänger eines Konvents werden, bloß um die Autorität zu schwächen, die aus dem allgemeinen Stimmrecht entsprungen ist. (Lauter und wiederholter Applaus.) Wir sehen Männer, die am meisten von der Revolution gelitten und sie am meisten bejammert haben, eine neue provozieren, und nur um den Willen der Nation zu fesseln... Ich verspreche Euch Ruhe für die Zukunft etc. etc. (Bravo, Bravo, stürmisches Bravo.)«[103]

So klatscht die industrielle Bourgeoisie dem Staatsstreiche vom 2. Dezember, der Vernichtung des Parlaments, dem Untergang ihrer eignen Herrschaft, der Diktatur Bonapartes ihr serviles Bravo zu. Der Beifallsdonner vom 25. November erhielt seine Antwort in dem Kanonendonner vom 4. Dezember[104], und das Haus des Herrn Sallandrouze, der die meisten Bravos geklatscht hatte, wurde von den meisten Bomben zerklatscht.

Cromwell, als er das Lange Parlament[105] auflöste, begab sich allein in die Mitte desselben, zog seine Uhr heraus, damit es keine Minute über die von ihm festgesetzte Frist fortexistierte, und verjagte jedes einzelne Parlamentsglied mit heiter humoristischen Schmähungen. Napoleon, kleiner als sein Vorbild, begab sich am 18. Brumaire wenigstens in den gesetzgebenden Körper und verlas ihm, wenn auch mit beklommener Stimme, sein Todesurteil. Der zweite Bonaparte, der sich übrigens im Besitz einer ganz andern Exekutivgewalt befand als Cromwell oder Napoleon, suchte sein Vorbild nicht in den Annalen der Weltgeschichte, sondern in den Annalen der Gesellschaft vom 10. Dezember, in den Annalen der Kriminalgerichtsbarkeit. Er bestiehlt die Bank von Frankreich um 25 Millionen Francs, kauft den General Magnan mit einer Million, die Soldaten Stück für Stück mit 15 Francs und mit Schnaps, findet sich wie ein Dieb in der Nacht mit seinen Spießgesellen heimlich zusammen, läßt in die Häuser der gefährlichsten Parlamentsführer einbrechen und Cavaignac, Lamoricière, Le Flô, Changarnier, Charras, Thiers, Baze etc. aus ihren Betten entführen, die Hauptplätze von Paris sowie das Parlamentsgebäude mit Truppen besetzen und früh am Morgen marktschreierische Plakate an allen Mauern anschlagen, worin die Auflösung der Nationalversammlung und des Staatsrats, die Wiederherstellung des allgemeinen Wahlrechts und die Versetzung des Seine-Departements in Belagerungszustand verkündet werden. So rückte er kurz nachher ein falsches Dokument in den »Moniteur«[106] ein, wonach einflußreiche parlamentarische Namen sich in einer Staatskonsulta um ihn gruppiert hätten.

Das im Mairiegebäude des 10. Arrondissements versammelte Rumpfparlament, hauptsächlich aus Legitimisten und Orleanisten bestehend, beschließt unter dem wiederholten Ruf: »Es lebe die Republik!« die Absetzung Bonapartes, harangiert umsonst die vor dem Gebäude gaffende Masse und wird endlich unter dem Geleite afrikanischer Scharfschützen erst in die Kaserne d'Orsay geschleppt, später in Zellenwagen verpackt und nach den Gefängnissen von Mazas, Ham und Vincennes transportiert. So endete die Ordnungspartei, die legislative Versammlung und die Februarrevolution. Ehe wir zum Schluß eilen, kurz das Schema ihrer Geschichte:

I. *Erste Periode.* Vom 24. Februar bis 4. Mai 1848. Februarperiode. Prolog. Allgemeiner Verbrüderungsschwindel.
II. *Zweite Periode.* Periode der Konstituierung der Republik und der konstituierenden Nationalversammlung.
   1. 4. Mai bis 25. Juni 1848. Kampf sämtlicher Klassen gegen das Proletariat. Niederlage des Proletariats in den Junitagen.
   2. 25. Juni bis 10. Dezember 1848. Diktatur der reinen Bourgeois-Republikaner. Entwerfung der Konstitution. Verhängung des Belagerungszustandes über Paris. Die Bourgeoisdiktatur am 10. Dezember beseitigt durch die Wahl Bonapartes zum Präsidenten.
   3. 20. Dezember 1848 bis 28. Mai 1849. Kampf der Konstituante mit Bonaparte und der mit ihm vereinigten Ordnungspartei. Untergang der Konstituante. Fall der republikanischen Bourgeoisie.
III. *Dritte Periode.* Periode der *konstitutionellen Republik* und der *legislativen Nationalversammlung.*
   1. 28. Mai 1849 bis 13. Juni 1849. Kampf der Kleinbürger mit der Bourgeoisie und mit Bonaparte. Niederlage der kleinbürgerlichen Demokratie.
   2. 13. Juni 1849 bis 31. Mai 1850. Parlamentarische Diktatur der Ordnungspartei. Vollendet ihre Herrschaft durch Abschaffung des allgemeinen Wahlrechts, verliert aber das parlamentarische Ministerium.
   3. 31. Mai 1850 bis 2. Dezember 1851. Kampf zwischen der parlamentarischen Bourgeoisie und Bonaparte.
      a) 31. Mai 1850 bis 12. Januar 1851. Das Parlament verliert den Oberbefehl über die Armee.
      b) 12. Januar bis 11. April 1851. Es unterliegt in den Versuchen, sich der Administrativgewalt wieder zu bemächtigen. Die Ordnungspartei verliert die selbständige parlamentarische Majorität. Ihre Koalition mit den Republikanern und der Montagne.

c) 11. April 1851 bis 9. Oktober 1851. Revisions-, Fusions-, Prorogationsversuche. Die Ordnungspartei löst sich in ihre einzelnen Bestandteile auf. Der Bruch des Bourgeoisparlaments und der Bourgeoispresse mit der Bourgeoismasse konsolidiert sich.

d) 9. Oktober bis 2. Dezember 1851. Offner Bruch zwischen dem Parlament und der Exekutivgewalt. Es vollzieht seinen Sterbeakt und unterliegt, von seiner eigenen Klasse, von der Armee, von allen übrigen Klassen im Stiche gelassen. Untergang des parlamentarischen Regimes und der Bourgeoisherrschaft. Sieg Bonapartes. Imperialistische Restaurationsparodie.

VII

Die *soziale Republik* erschien als Phrase, als Prophezeiung an der Schwelle der Februarrevolution. In den Junitagen 1848 wurde sie im Blute *des Pariser Proletariats* erstickt, aber sie geht in den folgenden Akten des Dramas als Gespenst um. Die *demokratische Republik* kündigt sich an. Sie verpufft am 13. Juni 1849 mit ihren davongelaufenen *Kleinbürgern*, aber im Fliehen wirft sie doppelt renommierende Reklamen hinter sich. Die *parlamentarische Republik* mit der Bourgeoisie bemächtigt sich der ganzen Bühne, sie lebt sich aus in der vollen Breite ihrer Existenz, aber der 2. Dezember 1851 begräbt sie unter dem Angstgeschrei der koalisierten Royalisten: »Es lebe die Republik!«

Die französische Bourgeoisie bäumte sich gegen die Herrschaft des arbeitenden Proletariats, sie hat das Lumpenproletariat zur Herrschaft gebracht, an der Spitze den Chef der Gesellschaft vom 10. Dezember. Die Bourgeoisie hielt Frankreich in atemloser Furcht vor den zukünftigen Schrecken der roten Anarchie; Bonaparte eskomptierte ihr diese Zukunft, als er am 4. Dezember die vornehmen Bürger des Boulevard Montmartre und des Boulevard des Italiens durch die schnapsbegeisterte Armee der Ordnung von ihren Fenstern herabschießen ließ. Sie apotheosierte den Säbel; der Säbel beherrscht sie. Sie vernichtete die revolutionäre Presse; ihre eigne Presse ist vernichtet. Sie stellte die Volksversammlungen unter Polizeiaufsicht; ihre Salons stehn unter der Aufsicht der Polizei. Sie löste die demokratischen Nationalgarden auf; ihre eigne Nationalgarde ist aufgelöst. Sie verhing den Belagerungszustand; der Belagerungszustand ist über sie verhängt. Sie verdrängte die Jurys durch Militärkommissionen; ihre Jurys sind durch Militärkommissionen verdrängt. Sie unterwarf den Volksunterricht den Pfaffen; die Pfaffen unterwerfen sie ihrem eignen Unterricht. Sie transportierte ohne Urteil;

sie wird ohne Urteil transportiert. Sie unterdrückte jede Regung der Gesellschaft durch die Staatsmacht; jede Regung ihrer Gesellschaft wird durch die Staatsmacht erdrückt. Sie rebellierte aus Begeisterung für ihren Geldbeutel gegen ihre eignen Politiker und Literaten; ihre Politiker und Literaten sind beseitigt, aber ihr Geldbeutel wird geplündert, nachdem sein Mund geknebelt und seine Feder zerbrochen ist. Die Bourgeoisie rief der Revolution unermüdlich zu wie der heilige Arsenius den Christen: »Fuge, tace, quiesce! Fliehe, schweige, ruhe!« Bonaparte ruft der Bourgeoisie zu: »Fuge, tace, quiesce! Fliehe, schweige, ruhe!«

Die französische Bourgeoisie hatte längst das Dilemma Napoleons gelöst: »Dans cinquante ans l'Europe sera républicaine ou cosaque.«[107] Sie hatte es gelöst in der »république cosaque«[1]. Keine Circe hat das Kunstwerk der bürgerlichen Republik durch bösen Zauber in eine Ungestalt verzerrt. Jene Republik hat nichts verloren als den Schein der Respektabilität. Das jetzige Frankreich war fertig in der parlamentarischen Republik enthalten. Es bedurfte nur eines Bajonettstichs, damit die Blase platze und das Ungeheuer in die Augen springe.

Warum hat sich das Pariser Proletariat nicht nach dem 2. Dezember erhoben?

Noch war der Sturz der Bourgeoisie erst dekretiert, das Dekret war nicht vollzogen. Jeder ernste Aufstand des Proletariats hätte sie sofort neu belebt, mit der Armee ausgesöhnt und den Arbeitern eine zweite Juniniederlage[28] gesichert.

Am 4. Dezember wurde das Proletariat von Bourgeois und Épicier[2] zum Kampfe aufgestachelt. Am Abende dieses Tages versprachen mehrere Legionen der Nationalgarde, bewaffnet und uniformiert auf dem Kampfplatze zu erscheinen. Bourgeois und Épicier waren nämlich dahintergekommen, daß Bonaparte in einem seiner Dekrete vom 2. Dezember das geheime Votum abschaffte und ihnen anbefahl, in den offiziellen Registern hinter ihre Namen ihr Ja oder Nein einzutragen.

[1] »kosakischen Republik« — [2] Krämern

Der Widerstand vom 4. Dezember schüchterte Bonaparte ein. Während der Nacht ließ er an allen Straßenecken von Paris Plakate anschlagen, welche die Wiederherstellung des geheimen Votums verkündeten. Bourgeois und Épicier glaubten, ihren Zweck erreicht zu haben. Wer nicht am andern Morgen erschien, waren Épicier und Bourgeois.

Das Pariser Proletariat war durch einen Handstreich Bonapartes während der Nacht vom 1. auf den 2. Dezember seiner Führer, der Barrikadenchefs, beraubt worden. Eine Armee ohne Offiziere, durch die Erinnerungen vom Juni 1848 und 1849 und vom Mai 1850 abgeneigt, unter dem Banner der Montagnards zu kämpfen, überließ es seiner Avantgarde, den geheimen Gesellschaften, die Rettung der insurrektionellen Ehre von Paris, welche die Bourgeoisie so widerstandslos der Soldateska preisgab, daß Bonaparte später die Nationalgarde mit dem höhnischen Motive entwaffnen konnte: Er fürchte, daß ihre Waffen gegen sie selbst von den Anarchisten mißbraucht werden würden!

»C'est le triomphe complet et définitif du socialisme!«[1] So charakterisierte Guizot den 2. Dezember. Aber wenn der Sturz der parlamentarischen Republik dem Keime nach den Triumph der proletarischen Revolution in sich enthält, so war ihr nächstes handgreifliches Resultat *der Sieg Bonapartes über das Parlament, der Exekutivgewalt über die Legislativgewalt, der Gewalt ohne Phrase über die Gewalt der Phrase*. In dem Parlament erhob die Nation ihren allgemeinen Willen zum Gesetze, d. h. das Gesetz der herrschenden Klasse zu ihrem allgemeinen Willen. Vor der Exekutivgewalt dankt sie jeden eignen Willen ab und unterwirft sich dem Machtgebot des fremden, der Autorität. Die Exekutivgewalt im Gegensatz zur Legislativen drückt die Heteronomie der Nation im Gegensatz zu ihrer Autonomie aus. Frankreich scheint also nur der Despotie einer Klasse entlaufen, um unter die Despotie eines Individuums zurückzufallen, und zwar unter die Autorität eines Individuums ohne Autorität. Der Kampf scheint so ge-

---

[1] *»Das ist der vollständige und endgültige Triumph des Sozialismus!«*

schlichtet, daß alle Klassen gleich machtlos und gleich lautlos vor dem Kolben niederknien.

Aber die Revolution ist gründlich. Sie ist noch auf der Reise durch das Fegefeuer begriffen. Sie vollbringt ihr Geschäft mit Methode. Bis zum 2. Dezember 1851 hatte sie die eine Hälfte ihrer Vorbereitung absolviert, sie absolviert jetzt die andre. Sie vollendete erst die parlamentarische Gewalt, um sie stürzen zu können. Jetzt, wo sie dies erreicht, vollendet sie die *Exekutivgewalt,* reduziert sie auf ihren reinsten Ausdruck, isoliert sie, stellt sie sich als einzigen Vorwurf gegenüber, um alle ihre Kräfte der Zerstörung gegen sie zu konzentrieren. Und wenn sie diese zweite Hälfte ihrer Vorarbeit vollbracht hat, wird Europa von seinem Sitze aufspringen und jubeln: Brav gewühlt, alter Maulwurf![108]

Diese Exekutivgewalt mit ihrer ungeheuern bürokratischen und militärischen Organisation, mit ihrer weitschichtigen und künstlichen Staatsmaschinerie, ein Beamtenheer von einer halben Million neben einer Armee von einer andern halben Million, dieser fürchterliche Parasitenkörper, der sich wie eine Netzhaut um den Leib der französischen Gesellschaft schlingt und ihr alle Poren verstopft, entstand in der Zeit der absoluten Monarchie, beim Verfall des Feudalwesens, den er beschleunigen half. Die herrschaftlichen Privilegien der Grundeigentümer und Städte verwandelten sich in ebenso viele Attribute der Staatsgewalt, die feudalen Würdenträger in bezahlte Beamte und die bunte Musterkarte der widerstreitenden mittelalterlichen Machtvollkommenheiten in den geregelten Plan einer Staatsmacht, deren Arbeit fabrikmäßig geteilt und zentralisiert ist. Die erste französische Revolution mit ihrer Aufgabe, alle lokalen, territorialen, städtischen und provinziellen Sondergewalten zu brechen, um die bürgerliche Einheit der Nation zu schaffen, mußte entwickeln, was die absolute Monarchie begonnen hatte: die Zentralisation, aber zugleich den Umfang, die Attribute und die Handlanger der Regierungsgewalt. Napoleon vollendete diese Staatsmaschinerie. Die legitime Monarchie und die Julimonarchie fügten nichts hinzu als eine größere Teilung der Arbeit, in demselben Maße wachsend, als die Teilung der Arbeit innerhalb der bürgerlichen Gesellschaft neue Gruppen von Interessen schuf, also neues Material für die Staatsverwaltung. Jedes *gemeinsame* Interesse wurde sofort von der Gesellschaft losgelöst, als höheres, *allgemeines* Interesse ihr gegenübergestellt, der Selbsttätigkeit der Gesellschaftsglieder entrissen und zum Gegenstand der Regierungstätigkeit gemacht, von der Brücke, dem Schulhaus und dem Kommunalvermögen einer Dorfgemeinde bis zu den Eisenbahnen, dem Nationalvermögen und der Landesuniversität Frankreichs. Die parlamentarische Republik endlich sah sich in ihrem Kampfe wider die Revolution gezwungen, mit den Repressivmaßregeln die Mittel und die Zentralisation der Regierungsgewalt zu verstärken. Alle Umwälzungen vervollkommneten diese Maschine, statt sie zu brechen. Die Parteien, die abwechselnd um die Herrschaft rangen, betrachteten die Besitznahme dieses ungeheuren Staatsgebäudes als die Hauptbeute des Sieges.

Aber unter der absoluten Monarchie, während der ersten Revolution, unter Napoleon war die Bürokratie nur das Mittel, die Klassenherrschaft der Bourgeoisie vorzubereiten. Unter der Restauration, unter Louis-Philippe, unter der parlamentarischen Republik war sie das Instrument der herrschenden Klasse, sosehr sie auch nach Eigenmacht strebte.

Erst unter dem zweiten Bonaparte scheint sich der Staat völlig verselbständigt zu haben. Die Staatsmaschine hat sich der bürgerlichen Gesellschaft gegenüber so befestigt, daß an ihrer Spitze der Chef der Gesellschaft vom 10. Dezember genügt, ein aus der Fremde herbeigelaufener Glücksritter, auf den Schild gehoben von einer trunkenen Soldateska, die er durch Schnaps und Würste erkauft hat, nach der er stets von neuem mit der Wurst werfen muß. Daher die kleinlaute Verzweiflung, das Gefühl der ungeheuersten Demütigung, Herabwürdigung, das die Brust Frankreichs beklemmt und seinen Atem stocken macht. Es fühlt sich wie entehrt.

Und dennoch schwebt die Staatsgewalt nicht in der Luft.

Bonaparte vertritt eine Klasse, und zwar die zahlreichste Klasse der französischen Gesellschaft, die *Parzellenbauern*.

Wie die Bourbons die Dynastie des großen Grundeigentums, wie die Orléans die Dynastie des Geldes, so sind die Bonapartes die Dynastie der Bauern, d. h. der französischen Volksmasse. Nicht der Bonaparte, der sich dem Bourgeoisparlamente unterwarf, sondern der Bonaparte, der das Bourgeoisparlament auseinanderjagte, ist der Auserwählte der Bauern. Drei Jahre war es den Städten gelungen, den Sinn der Wahl vom 10. Dezember zu verfälschen und die Bauern um die Wiederherstellung des Kaiserreichs zu prellen. Die Wahl vom 10. Dezember 1848 ist erst erfüllt worden durch den coup d'état vom 2. Dezember 1851.

Die Parzellenbauern bilden eine ungeheure Masse, deren Glieder in gleicher Situation leben, aber ohne in mannigfache Beziehung zueinander zu treten. Ihre Produktionsweise isoliert sie voneinander, statt sie in wechselseitigen Verkehr zu bringen. Die Isolierung wird gefördert durch die schlechten französischen Kommunikationsmittel und die Armut der Bauern. Ihr Produktionsfeld, die Parzelle, läßt in seiner Kultur keine Teilung der Arbeit zu, keine Anwendung der Wissenschaft, also keine Mannigfaltigkeit der Entwickelung, keine Verschiedenheit der Talente, keinen Reichtum der gesellschaftlichen Verhältnisse. Jede einzelne Bauernfamilie genügt beinahe sich selbst, produziert unmittelbar selbst den größten Teil ihres Konsums und gewinnt so ihr Lebensmaterial mehr im Austausche mit der Natur als im Verkehr mit der Gesellschaft. Die Parzelle, der Bauer und die Familie; daneben eine andre Parzelle, ein andrer Bauer und eine andre Familie. Ein Schock davon macht ein Dorf, und ein Schock von Dörfern macht ein Departement. So wird die große Masse der französischen Nation gebildet durch einfache Addition gleichnamiger Größen, wie etwa ein Sack von Kartoffeln einen Kartoffelsack bildet. Insofern Millionen von Familien unter ökonomischen Existenzbedingungen leben, die ihre Lebensweise, ihre Interessen und ihre Bildung von denen der andern Klassen trennen und ihnen feindlich gegenüberstellen, bilden sie eine Klasse. Insofern ein nur lokaler Zusammenhang unter den Parzellenbauern besteht, die Dieselbigkeit ihrer Interessen keine Gemeinsamkeit, keine nationale Verbindung und keine politische Organisation unter ihnen erzeugt, bilden sie keine Klasse. Sie sind daher unfähig, ihr Klasseninteresse im eigenen Namen, sei es durch ein Parlament, sei es durch einen Konvent geltend zu machen. Sie können sich nicht vertreten, sie müssen vertreten werden. Ihr Vertreter muß zugleich als ihr Herr, als eine Autorität über ihnen erscheinen, als eine unumschränkte Regierungsgewalt, die sie vor den andern Klassen beschützt und ihnen von oben Regen und Sonnenschein schickt. Der politische Einfluß der Parzellenbauern findet also darin seinen letzten Ausdruck, daß die Exekutivgewalt sich die Gesellschaft unterordnet.

Durch die geschichtliche Tradition ist der Wunderglaube der französischen Bauern entstanden, daß ein Mann namens Napoleon ihnen alle Herrlichkeit wiederbringen werde. Und es fand sich ein Individuum, das sich für diesen Mann ausgibt, weil es den Namen Napoleon trägt, infolge des Code Napoléon[109], der anbefiehlt: »La recherche de la paternité est interdite.«[1] Nach zwanzigjähriger Vagabundage und einer Reihe von grotesken Abenteuern erfüllt sich die Sage, und der Mann wird Kaiser der Franzosen. Die fixe Idee des Neffen verwirklichte sich, weil sie mit der fixen Idee der zahlreichsten Klasse der Franzosen zusammenfiel.

Aber, wird man mir einwerfen, die Bauernaufstände in halb Frankreich, die Treibjagden der Armee auf die Bauern, die massenhafte Einkerkerung und Transportation der Bauern?

Seit Ludwig XIV. hat Frankreich keine ähnliche Verfolgung der Bauern »wegen demagogischer Umtriebe«[110] erlebt.

Aber man verstehe wohl. Die Dynastie Bonaparte repräsentiert nicht den revolutionären, sondern den konservativen Bauer, nicht den Bauer, der über seine soziale Existenzbedingung, die Parzelle, hinausdrängt, sondern der sie vielmehr befestigen will, nicht das Landvolk, das durch eigne Energie im

[1] »Die Nachforschung nach der Vaterschaft ist untersagt.«

Anschluß an die Städte die alte Ordnung umstürzen, sondern umgekehrt dumpf verschlossen in dieser alten Ordnung sich mitsamt seiner Parzelle von dem Gespenste des Kaisertums gerettet und bevorzugt sehen will. Sie repräsentiert nicht die Aufklärung, sondern den Aberglauben des Bauern, nicht sein Urteil, sondern sein Vorurteil, nicht seine Zukunft, sondern seine Vergangenheit, nicht seine modernen Cevennen, sondern seine moderne Vendée[111].

Die dreijährige harte Herrschaft der parlamentarischen Republik hatte einen Teil der französischen Bauern von der napoleonischen Illusion befreit und, wenn auch nur noch oberflächlich, revolutioniert; aber die Bourgeoisie warf sie gewaltsam zurück, sooft sie sich in Bewegung setzten. Unter der parlamentarischen Republik rang das moderne mit dem traditionellen Bewußtsein der französischen Bauern. Der Prozeß ging vor sich in der Form eines unaufhörlichen Kampfes zwischen den Schulmeistern und den Pfaffen. Die Bourgeoisie schlug die Schulmeister nieder. Die Bauern machten zum ersten Mal Anstrengungen, der Regierungstätigkeit gegenüber sich selbständig zu verhalten. Es erschien dies in dem fortgesetzten Konflikte der Maires mit den Präfekten. Die Bourgeoisie setzte die Maires ab. Endlich erhoben sich die Bauern verschiedener Orte während der Periode der parlamentarischen Republik gegen ihre eigne Ausgeburt, die Armee. Die Bourgeoisie bestrafte sie mit Belagerungszuständen und Exekutionen. Und dieselbe Bourgeoisie schreit jetzt über die Stupidität der Massen, der vile multitude[112], die sie an Bonaparte verraten habe. Sie selbst hat den Imperialismus der Bauernklasse gewaltsam befestigt, sie hielt die Zustände fest, die die Geburtsstätte dieser Bauernreligion bilden. Allerdings muß die Bourgeoisie die Dummheit der Massen fürchten, solange sie konservativ bleiben, und die Einsicht der Massen, sobald sie revolutionär werden.

In den Aufständen nach dem coup d'état protestierte ein Teil der französischen Bauern mit den Waffen in der Hand gegen sein eignes Votum vom 10. Dezember 1848. Die Schule seit 1848 hatte sie gewitzigt. Allein sie hatten sich der geschichtlichen Unterwelt verschrieben, die Geschichte hielt sie beim Worte, und noch war die Mehrzahl so befangen, daß gerade in den rotesten Departements die Bauernbevölkerung öffentlich für Bonaparte stimmte. Die Nationalversammlung hatte ihn nach ihrer Ansicht am Gehn verhindert. Er hatte jetzt nur die Fessel gebrochen, die die Städte dem Willen des Landes angelegt. Sie trugen sich stellenweise sogar mit der grotesken Vorstellung: neben einem Napoleon ein Konvent.

Nachdem die erste Revolution die halbhörigen Bauern in freie Grundeigentümer verwandelt hatte, befestigte und regelte Napoleon die Bedingungen, worin sie ungestört den eben erst ihnen anheimgefallenen Boden Frankreichs ausbeuten und die jugendliche Lust am Eigentum büßen konnten. Aber woran der französische Bauer jetzt untergeht, es ist seine Parzelle selbst, die Teilung des Grund und Bodens, die Eigentumsform, die Napoleon in Frankreich konsolidierte. Es sind eben die materiellen Bedingungen, die den französischen Feudalbauer zum Parzellenbauer und Napoleon zum Kaiser machten. Zwei Generationen haben hingereicht, um das unvermeidliche Resultat zu erzeugen: progressive Verschlechterung des Ackerbaues, progressive Verschuldung des Ackerbauers. Die »Napoleonische« Eigentumsform, die im Anfange des neunzehnten Jahrhunderts die Bedingung für die Befreiung und die Bereicherung des französischen Landvolkes war, hat sich im Laufe dieses Jahrhunderts als das Gesetz ihrer Sklaverei und ihres Pauperismus entwickelt. Und eben dies Gesetz ist die erste der »idées napoléoniennes«[47], die der zweite Bonaparte zu behaupten hat. Wenn er mit den Bauern noch die Illusion teilt, nicht im Parzelleneigentum selbst, sondern außerhalb, im Einflusse sekundärer Umstände die Ursache ihres Ruins zu suchen, so werden seine Experimente wie Seifenblasen an den Produktionsverhältnissen zerschellen.

Die ökonomische Entwickelung des Parzelleneigentums hat das Verhältnis der Bauern zu den übrigen Gesellschaftsklassen von Grund aus verkehrt. Unter Napoleon ergänzte die Parzellierung des Grund und Bodens auf dem Lande die freie Konkurrenz und die beginnende große Industrie in den Städten. Die Bauernklasse war der allgegenwärtige Protest gegen die eben erst gestürzte Grundaristokratie. Die Wurzeln, die das Parzelleneigentum in dem französischen Grund und Boden schlug, entzogen dem Feudalismus jeden Nahrungsstoff. Seine Grenzpfähle bildeten das natürliche Befestigungswerk der Bourgeoisie gegen jeden Handstreich ihrer alten Oberherrn. Aber im Laufe des neunzehnten Jahrhunderts trat an die Stelle der Feudalen der städtische Wucherer, an die Stelle der Feudalpflichtigkeit des Bodens die Hypothek, an die Stelle des aristokratischen Grundeigentums das bürgerliche Kapital. Die Parzelle des Bauern ist nur noch der Vorwand, der dem Kapitalisten erlaubt, Profit, Zinsen und Rente von dem Acker zu ziehn und den Ackerbauer selbst zusehn zu lassen, wie er seinen Arbeitslohn herausschlägt. Die auf dem französischen Boden lastende Hypothekarschuld legt der französischen Bauernschaft einen Zins auf, so groß wie der Jahreszins der gesamten britischen Nationalschuld. Das Parzelleneigentum in dieser Sklaverei vom Kapital, wozu seine Entwicklung unvermeidlich hindrängt, hat die Masse der französischen Nation in Troglodyten verwandelt. Sechzehn Millionen Bauern (Frauen und Kinder eingerechnet) hausen in Höhlen, wovon ein großer Teil nur eine Öffnung, der andre nur zwei, und der bevorzugteste nur drei Öffnungen hat. Die Fenster sind an einem Haus, was die fünf Sinne für den Kopf sind. Die bürgerliche Ordnung, die im Anfange des Jahrhunderts den Staat als Schildwache vor die neuentstandene Parzelle stellte und sie mit Lorbeeren düngte, ist zum Vampir geworden, der ihr Herzblut und Hirnmark aussaugt und sie in den Alchimistenkessel des Kapitals wirft. Der Code Napoléon ist nur noch der Kodex der Exekution, der Subhastation und der Zwangsversteigerung. Zu den vier Millionen (Kinder usw. eingerechnet) offizieller Paupers, Vagabunden, Verbrecher und Prostituierten, die Frankreich zählt, kommen fünf Millionen hinzu, die an dem Abgrunde der Existenz schweben und entweder auf dem Lande selbst hausen oder beständig mit ihren Lumpen und ihren Kindern von dem Lande in die Städte und von den Städten auf das Land desertieren. Das Interesse der Bauern befindet sich also nicht mehr, wie unter Napoleon, im Einklange, sondern im Gegensatze mit den Interessen der Bourgeoisie, mit dem Kapital. Sie finden also ihren natürlichen Verbündeten und Führer in dem *städtischen Proletariat*, dessen Aufgabe der Umsturz der bürgerlichen Ordnung ist. Aber die *starke und unumschränkte Regierung* — und dies ist die zweite »idée napoléonienne«, die der zweite Napoleon auszuführen hat — ist zur gewaltsamen Verteidigung dieser »materiellen« Ordnung berufen. Auch gibt dieser »ordre matériel« in allen Proklamationen Bonapartes gegen die aufrührerischen Bauern das Stichwort ab.

Neben der Hypothek, die das Kapital ihr auferlegt, lastet auf der Parzelle die *Steuer*. Die Steuer ist die Lebensquelle der Bürokratie, der Armee, der Pfaffen und des Hofes, kurz, des ganzen Apparats der Exekutivgewalt. Starke Regierung und starke Steuer sind identisch. Das Parzelleneigentum eignet sich seiner Natur nach zur Grundlage einer allgewaltigen und zahllosen Bürokratie. Es schafft ein gleichmäßiges Niveau der Verhältnisse und der Personen über der ganzen Oberfläche des Landes. Es erlaubt also auch die gleichmäßige Einwirkung nach allen Punkten dieser gleichmäßigen Masse von einem obersten Zentrum aus. Es vernichtet die aristokratischen Mittelstufen zwischen der Volksmasse und der Staatsgewalt. Es ruft also von allen Seiten das direkte Eingreifen dieser Staatsgewalt und das Zwischenschieben ihrer unmittelbaren Organe hervor. Es erzeugt endlich eine unbeschäftigte Überbevölkerung, die weder auf dem Lande noch in den Städten Platz findet und daher nach den Staatsämtern als einer Art von respektablem Almosen greift und die Schöpfung von Staatsämtern provoziert. Napoleon gab in den neuen Märkten, die er mit dem Bajonette eröffnete, in der Plünderung des Kontinents, die Zwangssteuer mit Zinsen zurück. Sie war ein Stachel für die Industrie des Bauern, während sie jetzt seine Industrie der letzten Hülfsquellen beraubt, seine Widerstandslosigkeit gegen den Pauperismus vollendet. Und eine enorme Bürokratie, wohlgaloniert und wohlgenährt, ist die »idée napoléonienne«, die dem zweiten Bonaparte von allen am meisten zusagt. Wie sollte sie nicht, da er gezwungen ist, neben den wirklichen Klassen der Gesellschaft eine künstliche Kaste zu schaffen, für welche die Erhaltung seines Regimes zur Messer- und Gabelfrage wird. Eine seiner ersten Finanzoperationen war daher auch die Wiedererhöhung der Beamtengehalte auf ihren alten Betrag und Schöpfung neuer Sinekuren.

Eine andre »idée napoléonienne« ist die Herrschaft der *Pfaffen* als Regierungsmittel. Aber wenn die neuentstandene Parzelle in ihrem Einklang mit der Gesellschaft, in ihrer Abhängigkeit von den Naturgewalten und ihrer Unterwerfung unter die Autorität, die sie von oben beschützte, natürlich religiös war, wird die schuldzerrüttete, mit der Gesellschaft und der Autorität zerfallene, über ihre eigne Beschränktheit hinausgetriebene Parzelle natürlich irreligiös. Der Himmel war eine ganz schöne Zugabe zu dem eben gewonnenen schmalen Erdstrich, zumal da er das Wetter macht; er wird zum Insult, sobald er als Ersatz für die Parzelle aufgedrängt wird. Der Pfaffe erscheint dann nur noch als der gesalbte Spürhund der irdischen Polizei — eine andre »idée napoléonienne«. Die Expedition gegen Rom[41] wird das nächste Mal in Frankreich selbst stattfinden, aber im umgekehrten Sinne des Herrn von Montalembert[113].

Der Kulminierpunkt der »idées napoléoniennes« endlich ist das Übergewicht der *Armee*. Die Armee war der point d'honneur der Parzellenbauern, sie selbst in Heroen verwandelt, nach außen hin den neuen Besitz verteidigend, ihre eben erst errungene Nationalität verherrlichend, die Welt plündernd und revolutionierend. Die Uniform war ihr eignes Staatskostüm, der Krieg ihre Poesie, die in der Phantasie verlängerte und abgerundete Parzelle das Vaterland und der

Patriotismus die ideale Form des Eigentumssinnes. Aber die Feinde, wogegen der französische Bauer jetzt sein Eigentum zu verteidigen hat, es sind nicht die Kosaken, es sind die Huissiers[1] und Steuerexekutoren. Die Parzelle liegt nicht mehr im sogenannten Vaterland, sondern im Hypothekenbuch. Die Armee selbst ist nicht mehr die Blüte der Bauernjugend, sie ist die Sumpfblume des bäuerlichen Lumpenproletariats. Sie besteht großenteils aus Remplaçants, aus Ersatzmännern, wie der zweite Bonaparte selbst nur Remplaçant, der Ersatzmann für Napoleon ist. Ihre Heldentaten verrichtet sie jetzt in den Gems- und Treibjagden auf die Bauern, im Gendarmendienst, und wenn die innern Widersprüche seines Systems den Chef der Gesellschaft des 10. Dezember über die französische Grenze jagen, wird sie nach einigen Banditenstreichen keine Lorbeeren, sondern Prügel ernten.

Man sieht: *Alle* »idées napoléoniennes« *sind Ideen der unentwickelten, jugendfrischen Parzelle,* sie sind ein Widersinn für die überlebte Parzelle. Sie sind nur die Halluzinationen ihres Todeskampfes, Worte, die in Phrasen, Geister, die in Gespenster verwandelt. Aber die Parodie des Imperialismus war notwendig, um die Masse der französischen Nation von der Wucht der Tradition zu befreien und den Gegensatz der Staatsgewalt zur Gesellschaft rein herauszuarbeiten. Mit der fortschreitenden Zerrüttung des Parzelleneigentums bricht das auf ihm aufgeführte Staatsgebäude zusammen. Die staatliche Zentralisation, deren die moderne Gesellschaft bedarf, erhebt sich nur auf den Trümmern der militärisch-bürokratischen Regierungsmaschinerie, die im Gegensatz zum Feudalismus geschmiedet ward.

Die französischen Bauernverhältnisse enthüllen uns das Rätsel der *allgemeinen Wahlen vom 20. und 21. Dezember,* die den zweiten Bonaparte auf den Berg Sinai führten, nicht um Gesetze zu erhalten, sondern um sie zu geben.

Die Bourgeoisie hatte jetzt offenbar keine andere Wahl, als Bonaparte zu wählen. Als die Puritaner auf dem Konzile von

[1] Gerichtsvollzieher

Konstanz[114] über das lasterhafte Leben der Päpste klagten und über die Notwendigkeit der Sittenreform jammerten, donnerte der Kardinal Pierre d'Ailly ihnen zu: »Nur noch der Teufel in eigner Person kann die katholische Kirche retten, und Ihr verlangt Engel.« So rief die französische Bourgeoisie nach dem coup d'état: Nur noch der Chef der Gesellschaft vom 10. Dezember kann die bürgerliche Gesellschaft retten! Nur noch der Diebstahl das Eigentum, der Meineid die Religion, das Bastardtum die Familie, die Unordnung die Ordnung!

Bonaparte als die verselbständigte Macht der Exekutivgewalt fühlt seinen Beruf, die »bürgerliche Ordnung« sicherzustellen. Aber die Stärke dieser bürgerlichen Ordnung ist die Mittelklasse. Er weiß sich daher als Repräsentant der Mittelklasse und erläßt Dekrete in diesem Sinne. Er ist jedoch nur dadurch etwas, daß er die politische Macht dieser Mittelklasse gebrochen hat und täglich von neuem bricht. Er weiß sich daher als Gegner der politischen und literarischen Macht der Mittelklasse. Aber indem er ihre materielle Macht beschützt, erzeugt er von neuem ihre politische Macht. Die Ursache muß daher am Leben erhalten, aber die Wirkung, wo sie sich zeigt, aus der Welt geschafft werden. Aber ohne kleine Verwechselungen von Ursache und Wirkung kann dies nicht abgehn, da beide in der Wechselwirkung ihre Unterscheidungsmerkmale verlieren. Neue Dekrete, die die Grenzlinie verwischen. Bonaparte weiß sich zugleich gegen die Bourgeoisie als Vertreter der Bauern und des Volkes überhaupt, der innerhalb der bürgerlichen Gesellschaft die untern Volksklassen beglücken will. Neue Dekrete, die die »wahren Sozialisten«[115] im voraus um ihre Regierungsweisheit prellen. Aber Bonaparte weiß sich vor allem als Chef der Gesellschaft vom 10. Dezember, als Repräsentanten des Lumpenproletariats, dem er selbst, seine entourage[1], seine Regierung und seine Armee angehören und für das es sich vor allem darum handelt, sich wohlzutun und kalifornische Lose aus dem Staatsschatze zu ziehn. Und er

---
[1] Umgebung

bestätigt sich als Chef der Gesellschaft vom 10. Dezember mit Dekreten, ohne Dekrete und trotz der Dekrete.

Diese widerspruchsvolle Aufgabe des Mannes erklärt die Widersprüche seiner Regierung, das unklare Hin- und Hertappen, das bald diese, bald jene Klasse bald zu gewinnen, bald zu demütigen sucht und alle gleichmäßig gegen sich aufbringt, dessen praktische Unsicherheit einen hochkomischen Kontrast bildet zu dem gebieterischen, kategorischen Stile der Regierungsakte, der dem Onkel folgsam nachkopiert wird.

Industrie und Handel, also die Geschäfte der Mittelklasse, sollen unter der starken Regierung treibhausmäßig aufblühn. Verleihen einer Unzahl von Eisenbahnkonzessionen. Aber das bonapartistische Lumpenproletariat soll sich bereichern. Tripotage mit den Eisenbahnkonzessionen auf der Börse von den vorher Eingeweihten. Aber es zeigt sich kein Kapital für die Eisenbahnen. Verpflichtung der Bank, auf Eisenbahnaktien vorzuschießen. Aber die Bank soll zugleich persönlich exploitiert und daher kajoliert werden. Entbindung der Bank von der Pflicht, ihren Bericht wöchentlich zu veröffentlichen. Leoninischer Vertrag[116] der Bank mit der Regierung. Das Volk soll beschäftigt werden. Anordnungen von Staatsbauten. Aber die Staatsbauten erhöhen die Steuerpflichten des Volkes. Also Herabsetzung der Steuern durch Angriff auf die Rentiers, durch Konvertierung der fünfprozentigen Renten in viereinhalbprozentige. Aber der Mittelstand muß wieder ein douceur erhalten. Also Verdoppelung der Weinsteuer für das Volk, das ihn en détail kauft, und Herabsetzung um die Hälfte für den Mittelstand, der ihn en gros trinkt. Auflösung der wirklichen Arbeiterassoziationen, aber Verheißung von künftigen Assoziationswundern. Den Bauern soll geholfen werden. Hypothekenbanken, die ihre Verschuldung und die Konzentration des Eigentums beschleunigen. Aber diese Banken sollen benutzt werden, um Geld aus den konfiszierten Gütern des Hauses Orléans herauszuschlagen. Kein Kapitalist will sich zu dieser Bedingung verstehn, die nicht in dem Dekrete steht, und die Hypothekenbank bleibt ein bloßes Dekret usw. usw.

Bonaparte möchte als der patriarchalische Wohltäter aller Klassen erscheinen. Aber er kann keiner geben, ohne der andern zu nehmen. Wie man zur Zeit der Fronde[52] vom Herzog von Guise[1] sagte, daß er der obligeanteste Mann von Frankreich sei, weil er alle seine Güter in Obligationen seiner Partisanen gegen sich verwandelt habe, so möchte Bonaparte der obligeanteste Mann von Frankreich sein und alles Eigentum, alle Arbeit Frankreichs in eine persönliche Obligation gegen sich verwandeln. Er möchte ganz Frankreich stehlen, um es an Frankreich verschenken, oder vielmehr um Frankreich mit französischem Gelde wiederkaufen zu können, denn als Chef der Gesellschaft vom 10. Dezember muß er kaufen, was ihm gehören soll. Und zu dem Institute des Kaufens werden alle Staatsinstitute, der Senat, der Staatsrat, der gesetzgebende Körper, die Ehrenlegion, die Soldatenmedaille, die Waschhäuser, die Staatsbauten, die Eisenbahnen, der état-major[2] der Nationalgarde ohne Gemeine, die konfiszierten Güter des Hauses Orléans. Zum Kaufmittel wird jeder Platz in der Armee und der Regierungsmaschine. Das wichtigste aber bei diesem Prozesse, wo Frankreich genommen wird, um ihm zu geben, sind die Prozente, die während des Umsatzes für das Haupt und die Glieder der Gesellschaft vom 10. Dezember abfallen. Das Witzwort, womit die Gräfin L., die Mätresse des Herrn de Morny, die Konfiskation der orleansschen Güter charakterisierte: »C'est le premier vol de l'aigle«[1*] [117], paßt auf jeden Flug dieses *Adlers*, der mehr *Rabe* ist. Er selbst und seine Anhänger rufen sich täglich zu, wie jener italienische Kartäuser dem Geizhals, der prunkend die Güter aufzählte, an denen er noch für Jahre zu zehren habe: »Tu fai conto sopra i beni, bisogna prima far il conto sopra gli anni.«[2*] Um sich in den Jahren nicht zu verrechnen, zählen sie nach Minuten. An den Hof, in die Ministerien, an die Spitze der Verwaltung und der Armee drängt sich ein Haufe von Kerlen, von deren bestem

---

[1*] Vol heißt Flug und Diebstahl
[2*] »Du berechnest deine Güter, du solltest vorher deine Jahre berechnen.«
[1] Heinrich II. von Lothringen — [2] Stab

zu sagen ist, daß man nicht weiß, von wannen er kommt, eine geräuschvolle, anrüchige, plünderungslustige Bohème, die mit derselben grotesken Würde in galonierte Röcke kriecht wie Soulouques Großwürdenträger. Man kann diese höhere Schichte der Gesellschaft vom 10. Dezember sich anschaulich machen, wenn man erwägt, daß *Véron-Crevel*[1*] ihr Sittenprediger ist und *Granier de Cassagnac* ihr Denker. Als Guizot zur Zeit seines Ministeriums diesen Granier in einem Winkelblatte gegen die dynastische Opposition verwandte, pflegte er ihn mit der Wendung zu rühmen: »C'est le roi des drôles«, »das ist der Narrenkönig«. Man hätte unrecht, bei dem Hofe und der Sippe Louis Bonapartes an die Regentschaft[118] oder Ludwig XV. zu erinnern. Denn »oft schon hat Frankreich eine Mätressenregierung erlebt, aber noch nie eine Regierung von hommes entretenus[1]«[2*].

Von den widersprechenden Forderungen seiner Situation gejagt, zugleich wie ein Taschenspieler in der Notwendigkeit, durch beständige Überraschung die Augen des Publikums auf sich als den Ersatzmann Napoleons gerichtet zu halten, also jeden Tag einen Staatsstreich en miniature zu verrichten, bringt Bonaparte die ganze bürgerliche Wirtschaft in Wirrwarr, tastet alles an, was der Revolution von 1848 unantastbar schien, macht die einen revolutionsgeduldig, die andern revolutionslustig und erzeugt die Anarchie selbst im Namen der Ordnung, während er zugleich der ganzen Staatsmaschine den Heiligenschein abstreift, sie profaniert, sie zugleich ekelhaft und lächerlich macht. Den Kultus des heiligen Rocks zu Trier[119] wiederholt er zu Paris im Kultus des napoleonischen Kaisermantels. Aber wenn der Kaisermantel endlich auf die Schultern des Louis Bonaparte fällt, wird das eherne Standbild Napoleons von der Höhe der Vendôme-Säule[4] herabstürzen.

[1*] Balzac in der »Cousine Bette« stellt in Crevel, den er nach Dr. Véron, dem Eigentümer des »Constitutionnel«, entwarf, den grundliederlichen Pariser Philister dar.

[2*] Worte der Frau Girardin.

[1] ausgehaltenen Männern

Register

Anmerkungen

1 Die zweite Ausgabe von Marx' Schrift »Der achtzehnte Brumaire des Louis Bonaparte« erschien Ende Juli 1869 in Hamburg. Sie wurde von der bürgerlichen Presse mit Schweigen übergangen. Auch »Der Volksstaat«, Organ der Sozialdemokratischen Arbeiterpartei, brachte erst am 16. März 1870 mit der Veröffentlichung des Vorworts eine Mitteilung über die Neuausgabe.
   Bis zum Tode von Engels 1895 wurde das Vorwort in der dritten deutschen Ausgabe von 1885, in französischer Übersetzung am 7. Januar 1891 in »Le Socialiste« (Paris) und in der Buchausgabe Lille 1891 sowie in russischer Übersetzung Genf 1894 veröffentlicht (siehe Anm. 9). 9

2 Am 2. Dezember 1851 führte Louis Bonaparte, der seit dem 10. Dezember 1848 Präsident der Französischen Republik war, einen Staatsstreich durch. Er löste die gesetzgebende Nationalversammlung und den Staatsrat auf und ließ viele Deputierte verhaften. Über die 32 Departements wurde der Kriegszustand verhängt und die sozialistischen und republikanischen Führer aus Frankreich ausgewiesen. Am 14. Januar 1852 wurde eine neue Verfassung angenommen, wonach die gesamte Macht in den Händen des Präsidenten konzentriert wurde. Unter dem Namen Napoleon III. ließ sich Louis Bonaparte am 2. Dezember 1852 zum Kaiser der Franzosen ausrufen. 9 12 43

3 Victor Hugos Schrift »Napoléon le petit« erschien 1852 in London und Pierre-Joseph Proudhons »La révolution sociale démontrée par le coup d'état du 2 décembre« 1852 in Paris. 9

4 *Vendôme-Säule* – eine aus erbeuteten Kanonen gegossene Säule mit dem Denkmal Napoleons I. auf dem Vendôme-Platz in Paris, die 1806 bis 1810 zur Erinnerung an die Siege von 1805 errichtet worden war. Im letzten Satz des »Achtzehnten Brumaire« sagte Marx 1852 voraus, daß ein Kaisertum des Louis Bonaparte dem Napoleonkult den Garaus machen werde. Tatsächlich hat Napoleon III. 1863 das Standbild Napoleons I. – in Napoleonhut und Feldmantel – entfernen lassen und durch eine Statue in voller kaiserlicher Pracht ersetzt.
   Kaum zwei Jahre später ist seine Voraussage auch buchstäblich eingetroffen. Am 16. Mai 1871 wurde die Vendôme-Säule laut

Dekret der Pariser Kommune vom 12. April als Sinnbild des Militarismus und Chauvinismus zerstört und das Standbild Napoleons I. herabgestürzt. 10 141

5 Jean-Baptiste-Adolphe Charras, »Histoire de la campagne de 1815. Waterloo«, Leipzig 1857. 10

6 Jean-Charles-Léonard Simonde de Sismondi, »Études sur l'économie politique«, T. 1, Paris 1837, p. 35. 11

7 Die dritte deutsche Auflage von Marx' Schrift »Der achtzehnte Brumaire des Louis Bonaparte« erschien unter der Redaktion von Engels im Sommer 1885 in Hamburg. Der Text entspricht, abgesehen von stilistischen Änderungen, dem der Ausgabe von 1869.

Zu Lebzeiten von Engels wurde das Vorwort in französischer Übersetzung am 7. Januar 1891 in »Le Socialiste« (Paris) und in der Buchausgabe Lille 1891 sowie in russischer Übersetzung Genf 1894 veröffentlicht (siehe Anm. 9). 12

8 *Februarrevolution* (22. bis 25. Februar 1848) — in einem bewaffneten Aufstand stürzten die Pariser Arbeiter, Handwerker und Studenten die bürgerlich-konstitutionelle Monarchie Louis-Philippes und erzwangen die Proklamierung der Französischen Republik. 12 22 32 76 113

9 Marx' Schrift *»Der achtzehnte Brumaire des Louis Bonaparte«* ist eines der wichtigsten Werke des Marxismus. Die Grundthesen des historischen Materialismus, die Theorie vom Klassenkampf und von der proletarischen Revolution sowie die Lehre von der Diktatur des Proletariats, fanden in dieser Arbeit auf der Grundlage der Analyse der Revolution von 1848 bis 1851 in Frankreich ihre Weiterentwicklung. Hier hat Marx zum erstenmal die These aufgestellt, daß das siegreiche Proletariat notwendigerweise die bürgerliche Staatsmaschine zerbrechen muß. Marx schrieb das Werk von Dezember 1851 bis März 1852. Während dieser Zeit unterhielt er mit Engels einen ständigen Meinungsaustausch über die Ereignisse in Frankreich. So entwickelte er auch einige Gedanken weiter, die in Engels' Brief vom 3. Dezember 1851 enthalten waren, insbesondere den ironischen Vergleich zwischen dem Staatsstreich vom 2. Dezember 1851 und dem Staatsstreich vom 9. November 1799 (siehe Anm. 12 und MEW, Bd. 27, S. 379 bis 381). Als Quelle benutzte Marx außer der Presse und den offiziellen Materialien auch private Korrespondenzen aus Paris.

»Der achtzehnte Brumaire des Louis Bonaparte« war zur Veröffentlichung in der Wochenschrift »Die Revolution« vorgesehen, deren Herausgabe von Joseph Weydemeyer, einem Freund von Marx und Engels, in New York vorbereitet wurde. Weydemeyer konnte jedoch wegen finanzieller Schwierigkeiten nur zwei Nummern der Zeitschrift im Januar 1852 herausgeben. Die Artikel von Marx trafen zu spät ein und sind in diesen Nummern nicht veröffentlicht worden. Auf Marx' Vorschlag hat Weydemeyer die Arbeit im Mai 1852 im ersten Heft der Zeitschrift »Die Revolution, Eine Zeitschrift in zwanglosen Heften«, veröffentlicht. Den Titel »Der achtzehnte Brumaire des Louis Bonaparte« änderte Weydemeyer in »Der 18te Brumaire des Louis Napoleon«. Wegen seiner finanziellen Lage konnte Weydemeyer den größten Teil dieser Auflage beim Besitzer der Druckerei nicht auslösen. Nach Europa wurde nur eine unbedeutende Anzahl von Exemplaren geliefert. Die Versuche, das Buch in Deutschland und in England neu herauszubringen, blieben zunächst ohne Erfolg. Die zweite Ausgabe des Werkes erschien erst 1869 in Hamburg. Für diese Ausgabe war der Text von Marx neu überarbeitet worden. Der Text der dritten Auflage, die 1885 unter der Redaktion von Engels erschien, entspricht, abgesehen von einigen wenigen stilistischen Änderungen, dem Text der Ausgabe von 1869.

Die französische Übersetzung des »Achtzehnten Brumaire des Louis Bonaparte« wurde zuerst im Organ der Arbeiterpartei Frankreichs, der Wochenschrift »Le Socialiste« (Paris), von Januar bis November 1891 veröffentlicht. Im gleichen Jahr erschien die Arbeit als Buchausgabe in Lille. Die erste russische Ausgabe der Schrift wurde 1894 in Genf herausgegeben. Beide Übersetzungen basierten auf der dritten deutschen Auflage und enthielten die Vorworte zur zweiten und dritten Ausgabe. 15

10 Siehe Georg Wilhelm Friedrich Hegel, »Vorlesungen über die Philosophie der Geschichte. Dritter Teil« (Werke, Bd. 9, Berlin 1837, S. 323). Engels erwähnt diese Stelle in seinem Brief an Marx vom 3. Dezember 1851 (MEW, Bd. 27, S. 381). 19

11 *Montagne (Berg), Montagnards* — so nannte man die den radikalen Flügel repräsentierenden Jakobiner der Nationalversammlung der Französischen Revolution, weil sie die am höchsten gelegenen Sitze innehatten. In den Jahren 1848 bis 1851 trug die kleinbürgerliche radikal-demokratische Partei, geführt von Ledru-Rollin, diese Bezeichnung. 19 47 73 87 101

12 Am 18. Brumaire des Jahres VIII nach dem französischen Revolu-

tionskalender (9. November 1799) stürzte Napoleon Bonaparte das Direktorium durch einen Staatsstreich und machte sich unter dem Titel des Ersten Konsuls zum Diktator. Mit der *zweiten Auflage des achtzehnten Brumaire* meint Marx den Staatsstreich vom 2. Dezember 1851 (siehe Anm. 2). 19

13 *Bedlam* – das Londoner Irrenhaus. 21

14 Am *10. Dezember 1848* wurde Louis Bonaparte in einer allgemeinen Wahl zum Präsidenten der Französischen Republik gewählt. 22

15 Die biblische Legende von der Flucht der Juden aus der ägyptischen Gefangenschaft berichtet, daß die Kleinmütigen unter ihnen wegen der Beschwernisse des Weges und des Hungers »sich nach den Fleischtöpfen Ägyptens zurücksehnen«, d. h. in die weniger gefahrvolle Knechtschaft (»Die Bibel. Das Alte Testament«, 2. Buch Mose, 16,3). 22

16 »Die Bibel. Das Neue Testament«, Das Evangelium des Matthäus, 8,22. »Laß die Toten ihre Toten begraben.« 22

17 *Hic Rhodus, hic salta!* – aus einer Fabel Äsops, in der ein Prahler behauptet, er habe einst in Rhodos einen gewaltigen Sprung getan. Ihm wurde erwidert: Hier ist Rhodos, hier springe!

Hier ist die Rose, hier tanze! – Variante des obigen Zitats (Rhodos ist das griechische Wort für Rose), die von Hegel im Vorwort zu seinem Buch »Grundlinien der Philosophie des Rechts oder Naturrecht und Staatswissenschaft im Grundrisse« (Werke, Bd. 8, Berlin 1833) gegeben wurde. 23

18 Im Mai 1852 lief Louis Bonapartes Regierungszeit ab. Nach der Konstitution der Französischen Republik vom 4. November 1848 sollten alle vier Jahre am 2. Sonntag im Mai Präsidentschaftswahlen stattfinden. Der alte Präsident durfte nicht wieder kandidieren. 24 76 84 102

19 *Chiliasten* – Anhänger einer mystisch-religiösen Lehre über die Errichtung eines »Tausendjährigen Reiches« der Gerechtigkeit, der allgemeinen Gleichheit und des Wohllebens. Die chiliastische Lehre entstand in der Zeit des Zerfalls der Sklavenhaltergesellschaft, fand zur Zeit des frühen Christentums weite Verbreitung und lebte immer wieder in den Lehren der verschiedenen Sekten des Mittelalters auf. 24 70

20 *in partibus infidelium (in den Gebieten der Ungläubigen)* – nur dem Namen, dem Titel nach; ursprünglich Ergänzung zum Titel der katholischen Bischöfe von Diözesen in nichtchristlichen

Ländern (Titularbischöfe). Dieser Ausdruck wurde des öfteren von Marx und Engels auf die verschiedenen Emigrantenregierungen angewandt, die sich — ohne die reale Situation im eigenen Land zu berücksichtigen — im Ausland gebildet hatten. 24 59 116

21 Um das Jahr 390 v. u. Z. eroberten die Gallier die Stadt Rom. Lediglich das Kapitol konnte erfolgreich gehalten werden, weil nach der Überlieferung dessen Verteidiger bei einem nächtlichen Überraschungsangriff durch das Geschnatter der Gänse im Tempel der Juno rechtzeitig geweckt wurden. 24

22 In Frankreich gab es drei dynastisch-monarchische Richtungen:

Legitimisten — Anhänger des älteren, legitimen Zweigs der Bourbonendynastie, die in Frankreich von 1589 bis 1792 und während der Restaurationszeit (1814—1830) an der Macht war (siehe Anm. 94). Sie vertraten die Interessen des erblichen Großgrundbesitzes und unterstützten die Ansprüche des Grafen von Chambord, der als Heinrich V. Anspruch auf den französischen Thron erhob.

Orleanisten — Anhänger des Hauses Orléans, des jüngeren Zweigs der Bourbonendynastie, das während der Julimonarchie (1830—1848) in Frankreich herrschte. Sie vertraten die Interessen der Finanz- und industriellen Großbourgeoisie und unterstützten als Thronprätendenten Louis-Philippe-Albert, Graf von Paris.

Während der Zweiten Republik (1848—1851) bildeten die beiden monarchistischen Fraktionen den Kern der *Partei der Ordnung.*

Bonapartisten — Anhänger Louis Bonapartes. 24 34 46 65 79 101

23 *blaue und rote Republikaner* — die bürgerlichen Republikaner, die sich um die Pariser Tageszeitung »Le National« gruppierten, und die Sozialisten verschiedener Richtungen. 24

24 *die Helden von Afrika* — die Generale Cavaignac, Lamoricière und Bedeau, die an den Kolonialkriegen in Algerien teilgenommen hatten. 24

25 Johann Wolfgang von Goethe, »Faust«, Erster Teil, »Studierzimmer«. 25

26 *dynastische Opposition* — eine von Odilon Barrot geführte Gruppe in der französischen Deputiertenkammer während der Julimonarchie. Ihre Mitglieder brachten die politischen Auffassungen liberaler Kreise der Industrie- und Handelsbourgeoisie zum Ausdruck und traten für die Durchführung einer gemäßigten

Wahlreform ein; sie sahen darin ein Mittel, der Revolution vorzubeugen und die Dynastie Orléans an der Macht zu halten. 26

27 Am *15. Mai 1848* versuchten Pariser Arbeiter, die konstituierende Nationalversammlung auseinanderzujagen und eine neue provisorische Regierung zu bilden. Die revolutionäre Aktion wurde niedergeschlagen, ihre Führer Auguste Blanqui, Armand Barbès, Albert (Alexandre Martin) und François Raspail wurden verhaftet und Gesetze über das Verbot von Volksversammlungen sowie über die Schließung demokratischer Klubs erlassen. 27 46

28 *Juni-Insurrektion* — der Aufstand des Pariser Proletariats vom 23. bis 26. Juni 1848 war die erste große Auseinandersetzung zwischen der Bourgeoisie und dem Proletariat. Er wurde zum Wendepunkt der Revolution in ganz Europa. Die Konterrevolution formierte sich endgültig und trat zum Gegenangriff an. 27 31 46 73 126

29 Die Bildung einer *Mobilgarde* wurde am 25. Februar 1848 von der provisorischen Regierung beschlossen. In den zwei Tage später erlassenen Ausführungsbestimmungen war festgelegt, daß sie aus 24 Bataillonen zu je 1058 Mann bestehen soll. Große Teile der Mobilgarde, die hauptsächlich aus dem Pariser Lumpenproletariat rekrutiert wurde, ließen sich während des Juniaufstandes 1848 gegen die revolutionären Arbeiter mißbrauchen und halfen der Reaktion bei der Niederschlagung des Aufstandes. 27 81

30 *Tauschbanken* — während der Revolution 1848/49 gründete Proudhon Anfang 1849 die Banque du peuple (Volksbank), die nach ähnlichen Prinzipien wie die englischen Equitable Labour Exchange Bazaars einen geldlosen Warenaustausch organisieren, darüber hinaus aber noch zinslosen Kredit gewähren sollte. Die Bank scheiterte nach zwei Monaten. 28

31 Anspielung auf die Legende, nach welcher dem römischen Kaiser Konstantin vor der Schlacht gegen Maxentius im Jahr 312 ein Bild des Kreuzes am Himmel erschienen sei, daneben die Worte: »In diesem Zeichen wirst du siegen.« 29

32 *Krapülinski* — Held aus dem Gedicht »Zwei Ritter« von Heinrich Heine; der Name Krapülinski wurde aus dem französischen Wort crapule gebildet, das sowohl Völlerei, besonders im Trinken, als auch lasterhaftes, faules Gesindel bedeutet. 30

33 *Wiener Verträge* — die Friedensregelungen des Wiener Kongresses, der unter Beteiligung aller Staaten, die gegen Napoleon I. gekämpft hatten, vom 18. September 1814 bis 9. Juni 1815 statt-

fand. Das Ziel des Kongresses war die Wiederherstellung des feudalreaktionären Systems, das vor der Französischen Revolution bestand, sowie der Grenzen Frankreichs von 1791. Außerdem mußte Frankreich 700 Millionen Francs Kriegskosten zahlen und einen Teil seiner Kolonien an England abtreten. 31

34 Im ersten Schreck über den Ausbruch der Revolution unterzeichnete Louis-Philippe am 24. Februar 1848 morgens seine Abdankung zugunsten seines Enkels, des Grafen von Paris (siehe Anm. 22). Wegen dessen Minderjährigkeit rechnete man mit der Regentschaft seiner Mutter, der Herzogin von Orléans. 32

35 Marx zitiert hier und im folgenden aus der »Constitution de la République française, votée par l'Assemblée nationale dans sa séance du 4 novembre 1848«, die 1848 in französischer und deutscher Sprache in Stuttgart erschienen war. 33

36 Die *konstitutionelle Charte (Charte constitutionelle)* wurde 1830 in Frankreich beschlossen und war das Grundgesetz der Julimonarchie. Die Charte verkündete formal die souveränen Rechte der Nation und beschränkte nur wenig die Macht des Königs. Der bürokratische Polizeiapparat und die strengen Gesetze gegen die Arbeiterbewegung und die demokratische Bewegung blieben unberührt. 33

37 Gemeint ist der Wohnsitz Louis Bonapartes, der Élysée-Palast, der ihm von 1848 bis 1852 als Residenz diente. 36 48 114

38 »*Frère, il faut mourir!*« (»Bruder, es heißt sterben!«) — Gruß der Mönche des katholischen Trappistenordens. Er war bekannt für seine strengen Regeln und das asketische Leben seiner Mitglieder. 36

39 *Clichy* — das Pariser Schuldgefängnis in den Jahren 1826 bis 1867. 36 87

40 *Prätorianer* — im alten Rom die von einem Kaiser oder Feldherrn ausgehaltene und mit Privilegien ausgestattete Leibwache; hier die Gesellschaft vom 10. Dezember, eine 1849 gegründete bonapartistische Organisation (siehe vorl. Band, S. 80—82). 39

41 Im Herbst 1848 begann in Italien ein neuer revolutionärer Aufschwung zur Erringung der nationalen Unabhängigkeit und Wiedervereinigung des Landes. In Rom hatte ein bewaffneter Volksaufstand am 16. November 1848 den Papst zur Flucht veranlaßt und das allgemeine Wahlrecht erkämpft. Am 9. Februar wurde die Römische Republik und die Beseitigung der weltlichen Macht des Papstes proklamiert. Pius IX. rief alle katholischen

Staaten zur Intervention gegen die römischen Freiheitskämpfer auf. Neben Österreich und Neapel nahmen auch französische Truppen an der Intervention teil. Unter dem Vorwand, Piemont im Kampf gegen Österreich unterstützen und die Römische Republik verteidigen zu wollen, ließ sich die französische Regierung im April 1849 von der konstituierenden Nationalversammlung Mittel zur Ausrüstung eines Expeditionskorps nach Italien bewilligen. Es landete am 27. April 1849 bei Civitavecchia. Die Römische Republik unterlag nach heldenhafter Gegenwehr am 3. Juli 1849. 39 44 65 136

42 1832 nahm Louis Bonaparte im Kanton Thurgau die schweizerische Staatsbürgerschaft an; 1848, während seines Aufenthalts in England, trat Louis Bonaparte freiwillig in die Reihen der Spezial-Konstabler (Polizeireserve aus Zivilpersonen) ein, die gemeinsam mit der Polizei gegen die von den Chartisten am 10. April 1848 organisierte Arbeiterdemonstration vorgingen. 40

43 Siehe Karl Marx, »Die Klassenkämpfe in Frankreich 1848 bis 1850« (MEW, Bd. 7, S. 43–45). 40

44 Am *20. Dezember 1848* legte Cavaignac sein Amt nieder, und Louis Bonaparte, an diesem Tage von der konstituierenden Nationalversammlung als Präsident der Republik proklamiert, setzte sein erstes Ministerium unter Odilon Barrot ein. 40

45 Abgewandeltes Zitat aus Johann Wolfgang von Goethes Gedicht »Der Erlkönig«: »Und bist du nicht willig, so brauch' ich Gewalt«. 43

46 Der römische Kaiser *Caligula* wohnte gleich nach seinem Regierungsantritt mit dem Senat einer Parade der Prätorianergarde bei und hielt eine Rede an sie. 43

47 Anspielung auf Louis Bonapartes Buch »Des Idées napoléoniennes«, das er in England schrieb und 1839 in Paris und Brüssel veröffentlichte. 44 68 133

48 Im »Moniteur universel« (Paris) vom 8. bzw. 9. Mai 1849 wurde der Brief nicht gefunden. Er ist u. a. veröffentlicht in »Le Peuple« (Paris) vom 10. Mai 1849. 44

49 *Quästoren* — ursprünglich im alten Rom die unterste Stufe der Ämter des Senats — Finanzbeamte, Archivare. Hier die Kommission der französischen Nationalversammlung, die für Wirtschaft und Finanzen sowie für Schutz und Sicherheit der Versammlung verantwortlich war.

Die royalistischen Quästoren Le Flô, Baze und Panat stellten den Antrag, das Recht, über die Truppen zu verfügen, ausdrücklich der Versammlung zuzuschreiben. Der Antrag wurde am 17. November 1851 nach heftigen Debatten abgelehnt. Bei der Abstimmung unterstützte die Montagne (siehe Anm. 11) die Bonapartisten, weil sie in den Royalisten die Hauptgefahr sah. 44 87 119

50 Am *16. April 1848* wurde in Paris eine friedliche Demonstration der Arbeiter, die der provisorischen Regierung eine auf dem Marsfeld beschlossene Adresse und eine patriotische Kollekte überreichen wollte, von der bürgerlichen Nationalgarde auseinandergejagt. 46

51 *patres conscripti (erwählte Väter)* — Ehrenname der altrömischen Senatoren. 47

52 *Fronde* — eine Oppositionsbewegung gegen den Absolutismus in Frankreich und die absolutistische Politik des Kardinals Mazarin während der Minderjährigkeit Ludwigs XIV. (1648—1653). Sie umschloß unterschiedliche soziale Gruppierungen, die in einigen Fällen gegensätzliche Ziele verfolgten: von radikalen Bauern über plebejische Elemente und dem Bürgertum in den Städten bis zu hohen Beamten, die ihre Privilegien zu behaupten suchten, und Aristokraten, die nach einträglichen Stellungen, Pensionen und Renten trachteten. Die Niederlage der Fronde führte zur Stärkung des Absolutismus. 47 140

53 Siehe Georg Wilhelm Friedrich Hegel, »Grundlinien der Philosophie des Rechts. Vorrede« (Werke, Bd. 8, Berlin 1833). 48

54 Die herrschenden bonapartistischen Kreise und die konterrevolutionäre Presse, die den Staatsstreich vom 2. Dezember 1851 vorbereiteten, taten im Hinblick auf die Präsidentenwahlen im Mai 1852 (siehe Anm. 18) alles, um die ängstlichen Bürger mit der Aussicht auf Anarchie, revolutionäre Erhebungen, einen Bauernaufstand und die Ausbreitung der Armut zu erschrecken. Eine besondere Rolle in dieser Kampagne spielte die 1851 in Brüssel erschienene Schrift »Le spectre rouge de 1852« von Auguste Romieu, einem ehemaligen Polizeipräfekten. 48

55 In Paris wurden Jean-Baptiste Boichot und François-Edmond Rattier gewählt, im Elsaß Sébastien Commissaire. 49

56 Anspielung auf den Ausspruch »Alles ist verloren, rettet die Ehre«, der König Franz I. von Frankreich zugeschrieben wird. 49

57 Siehe Karl Marx, »Die Wahlen in England — Tories und Whigs« (MEW, Bd. 8, S. 336—341). 52

58 *Ems*, in den fünfziger Jahren auch *Venedig*, waren Residenzen des Grafen Chambord, der unter dem Namen Heinrich V. legitimistischer Thronprätendent war.

In der Nähe Londons, in *Claremont*, lebte der nach der Februarrevolution (siehe Anm. 8) aus Frankreich geflohene Louis-Philippe. 52 104

59 Marx bezieht sich auf die Rede von Adolphe Thiers in der gesetzgebenden Nationalversammlung am 17. Januar 1851. 53

60 Das Expeditionskorps unter General Oudinot, das von Präsident Louis Bonaparte und der französischen Regierung nach Italien geschickt worden war (siehe Anm. 41), wurde von den Truppen der Römischen Republik am 30. April 1849 zurückgeschlagen. Unter Bruch des Waffenstillstandes begann Oudinot am 3. Juni eine neue Offensive. Bis zum Fall der Republik am 3. Juli 1849 war Rom wiederholt schweren Bombardements ausgesetzt. 55

61 Die »Déclaration de la Montagne au peuple français. Paris, 12 juin [1849]« wurde in der Zeitung »Le Peuple« (Paris) vom 13. Juni 1849 veröffentlicht. 56

62 Am 10. August 1849 beschloß die gesetzgebende Nationalversammlung ein Gesetz, das die »Anstifter und Helfershelfer der Verschwörung und des Attentats vom 13. Juni« dem Hochgericht überantwortete. 34 Abgeordnete der Montagne (siehe Anm. 11), darunter Alexandre Ledru-Rollin, Félix Pyat und Victor Considérant, verloren ihre Mandate und wurden vor Gericht gestellt oder, soweit sie vorher emigrieren konnten, in Abwesenheit verurteilt.

Die Mehrheit der Nationalversammlung nahm eine Geschäftsordnung an, die die Redefreiheit der Deputierten einschränkte und dem Präsidenten André Dupin das Recht zu Ausschlüssen und zum Diätenentzug gab. 56

63 Unter dem Einfluß der Pariser Ereignisse kam es in Lyon am 15. Juni 1849 zu einem bewaffneten Aufstand der Arbeiter und Handwerker. Die Insurgenten besetzten den Stadtbezirk Croix-Rousse und errichteten Barrikaden, wurden jedoch von den Truppen nach achtstündigem blutigem Kampf besiegt. 56 108

64 Siehe »Die Bibel. Das Alte Testament«, Das Buch Josua, 6,5 und 6,20. 57

65 Aus Proudhons Brief »Aux citoyens Ledru-Rollin, Charles Delescluze, Martin Bernard, et consorts, Rédacteurs du ›Proscrits‹,

à Londres«, veröffentlicht in der Zeitung »Le Peuple« (Paris) im Juli 1850. 60

66 Marx bezieht sich auf Thiers' Rede in der gesetzgebenden Nationalversammlung am 17. Januar 1851. 60

67 Louis Bonaparte rechnete damit, die französische Kaiserkrone aus den Händen des Papstes Pius IX. zu empfangen. Nach der biblischen Überlieferung war der jüdische Herrscher David vom Propheten Samuel zum König gesalbt worden. 61

68 Die Schlacht bei Austerlitz am 2. Dezember 1805 endete mit dem Sieg Napoleons I. über die russisch-österreichischen Truppen. 61

69 Nach Artikel 32 der Konstitution der Französischen Republik vom 4. November 1848 hatte die Nationalversammlung vor jeder Vertagung eine aus 25 gewählten Abgeordneten und den Mitgliedern des Büros der Versammlung bestehende ständige Kommission zu ernennen. Diese Kommission hatte das Recht, im Notfall die Nationalversammlung einzuberufen. Während der Parlamentsferien 1850 gehörten dieser Kommission 39 Personen an: 25 gewählte Vertreter, 11 Büromitglieder und 3 Quästoren. 63 79 119

70 Victor Hugo in seiner Rede vor der gesetzgebenden Nationalversammlung am 19. Oktober 1849. 66

71 Die *Weinsteuer* sollte laut Beschluß der konstituierenden Nationalversammlung ab 1. Januar 1850 aufgehoben werden. Zehn Tage vor Ablauf dieser Frist, am 20. Dezember 1849, wurde sie von der gesetzgebenden Nationalversammlung wieder eingeführt.

Das *Unterrichtsgesetz* wurde am 15. März 1850 verabschiedet; es lieferte das Volksbildungswesen der Geistlichkeit aus. Durch ein Interimsgesetz vom 13. Dezember 1849 wurden die Präfekten auf 6 Monate ermächtigt, jeden Schullehrer, der sich »durch Gesinnung und Lehrweise seines Amtes unwürdig zeige«, willkürlich abzusetzen. Es wurde durch das Gesetz gegen die Schullehrer vom 11. Januar 1850 bestätigt.

Über die politische Bedeutung dieser Maßnahmen siehe Karl Marx, »Die Klassenkämpfe in Frankreich 1848 bis 1850« (MEW, Bd. 7, S. 80—82 und 85/86). 69

72 Siehe »Die Bibel. Das Neue Testament«, Das Evangelium des Matthäus, 5,37. »Eure Rede aber sei: Ja, ja; nein, nein.« 70

73 Bei den Nachwahlen am 10. März 1850 waren für Paris 3 Abgeordnete zu wählen. Hippolyte Carnot erhielt 132 797, François

Vidal 128 439 und Paul Deflotte 126 982 Stimmen. Demgegenüber stimmten für die Kandidaten der Ordnungspartei La Hitte 125 478, Bonjean 124 347 und Foy 125 643. Am 21. März 1850 erklärte die gesetzgebende Nationalversammlung die Wahlen für gültig, nachdem der Justizminister dem Junideportierten Deflotte das aktive Wahlrecht bestätigen mußte. 73

74 *Burggrafen* — eine aus 17 orleanistischen und legitimistischen Deputierten der gesetzgebenden Nationalversammlung bestehende Kommission, die auf Anordnung des Innenministers vom 1. Mai 1850 den Entwurf eines neuen Wahlgesetzes auszuarbeiten hatte. Ihr Spottname Burggrafen ist dem historischen Drama »Le burgraves« von Victor Hugo entlehnt, wobei man auf die unbegründeten Machtansprüche und die reaktionären Bestrebungen dieser Monarchisten anspielte. 73 85 121

75 In Bourges fand vom 7. März bis 2. April 1849 gegen 20 Teilnehmer der revolutionären Aktionen vom 15. Mai 1848 (siehe Anm. 27) ein Prozeß statt. Zehn der Angeklagten wurden zu hohen Strafen verurteilt; Blanqui zu 10 Jahren Einzelhaft, die anderen zu lebenslänglicher oder langjähriger Deportation. 74

76 Das *Wahlgesetz vom 31. Mai 1850* machte u. a. die Stimmberechtigung statt von der bis dahin gültigen sechsmonatigen von einer dreijährigen Dauer des Wohnsitzes abhängig und hob für Personen mit Polizeistrafen wegen Bettelei oder Landstreicherei das Wahlrecht vollständig auf. Durch dieses Gesetz verloren über 3 Millionen Wähler das Stimmrecht. 75 85 107

77 Das *Pressegesetz*, das von der gesetzgebenden Nationalversammlung am 16. Juli 1850 beschlossen wurde, erhöhte erheblich die Kautionssumme, die die Herausgeber von Zeitungen hinterlegen mußten, und führte eine Stempelsteuer ein, die auch auf Broschüren ausgedehnt wurde. Das neue Gesetz war eine der reaktionären Maßnahmen, die zur faktischen Aufhebung der Pressefreiheit in Frankreich führten. 75

78 *Lazzaroni* — verächtliche Bezeichnung für Angehörige des städtischen Lumpenproletariats in Italien, besonders in Neapel. Sie wurden von reaktionären Regierungen wiederholt gegen liberale und demokratische Bewegungen benutzt. 80

79 Es handelt sich um die von Louis Bonaparte während der Julimonarchie unternommenen Versuche, durch Militärputsche Staatsstreiche durchzuführen. Am 30. Oktober 1836 gelang es ihm, mit Hilfe einiger bonapartistisch gesinnter Offiziere zwei

Artillerieregimenter der Straßburger Garnison zu mobilisieren. Doch schon nach einigen Stunden waren die Aufständischen entwaffnet. Louis Bonaparte selbst wurde verhaftet und nach Amerika ausgewiesen.

Am 6. August 1840 landete er unter Ausnutzung einer gewissen Belebung der bonapartistischen Stimmungen in Frankreich mit einer Verschwörerclique in Boulogne und versuchte, unter den Truppen der dortigen Garnison eine Meuterei zu entfachen. Dieser Versuch endete ebenfalls mit einem völligen Fiasko. Louis Bonaparte wurde zu lebenslänglichem Freiheitsentzug verurteilt, floh aber 1846 nach England. 81 108 118

80 Siehe William Shakespeare, »Ein Sommernachtstraum«, I. Akt, 2. Szene. 81

81 Die Regeln des klassischen Dramas forderten, daß sich ein Drama – ähnlich dem Staatsstreich vom 2. Dezember 1851 – auf *eine* Handlung beschränke, die sich an *einem* Tag und an *einem* Ort abspielt. 81

82 Die Bildung von *Nationalateliers (Nationalwerkstätten)* wurde von der provisorischen Regierung am 27. Februar 1848 verfügt. Sie waren militärisch organisierte Unterstützungsanstalten für beschäftigungslose Arbeiter in Paris und anderen Städten ohne Berücksichtigung der Berufe. Als Lohn erhielten die Arbeiter Brotanweisungen und Sold. Die Regierung verfolgte damit das Ziel, einerseits die Ideen Louis Blancs über »die Organisation der Arbeit« zu diskreditieren und andererseits die militärisch organisierten Arbeiter der Nationalateliers im Kampf gegen das revolutionäre Proletariat auszunutzen. Da die revolutionäre Stimmung der in den Nationalateliers beschäftigten Arbeiter jedoch anwuchs, unternahm die Regierung Schritte zur Verminderung der beschäftigten Arbeiter und schickte eine große Anzahl von ihnen zu öffentlichen Arbeiten in die Provinz. Diese Provokationen riefen im Pariser Proletariat große Empörung hervor und waren mit ein Anlaß zum Beginn des Pariser Juniaufstandes (siehe Anm. 28). Nach seiner Niederschlagung wurden die Nationalateliers am 3. Juli 1848 durch die Regierung Cavaignac aufgelöst. 81

83 Louis Bonapartes »Message du président de la République, le 12 novembre 1850« wurde in »Le Moniteur universel« (Paris) am 13. November 1850 veröffentlicht. 85 109

84 Anspielung auf die Tatsache, daß Louis Bonaparte seinen Staats-

streich in der Nacht vom 1. zum 2. Dezember 1851 durchführte (siehe Anm. 2). 88

85 »*Tochter aus Elysium*« — Worte aus Friedrich von Schillers Ode »An die Freude«, mit denen hier auf das Élysée, die Residenz Louis Bonapartes, verwiesen wird. 89

86 »La Patrie« (Paris), 2. Januar 1851. 91

87 Siehe William Shakespeare, »Wie es Euch gefällt«, II. Akt, 7. Szene. 94

88 *altfranzösische Parlamente* — höchste Gerichtsinstitutionen in Frankreich seit dem Mittelalter. Die größte Bedeutung hatte das Pariser Parlament, das die königlichen Erlasse registrierte und das Recht der Remonstration besaß, das Recht, gegen Erlasse, die den Gebräuchen und der Gesetzgebung des Landes nicht entsprachen, zu protestieren. Es besaß jedoch keine reale Macht, da die persönliche Anwesenheit des Königs in einer Sitzung die Registrierung der Gesetze obligatorisch machte. Die Parlamente wurden 1790 während der Französischen Revolution aufgelöst. 94

89 *Belle-Île-en-Mer* — französische Insel vor der Südküste der Bretagne. Hier wurden von 1849 bis 1857 die politischen Gefangenen eingekerkert, unter anderen die Teilnehmer am Pariser Juniaufstand (siehe Anm. 28). 98

90 Ironische Anspielung auf Friedrich von Schillers Ballade »Die Bürgschaft«:
»Ich sei, gewährt mir die Bitte,
in eurem Bunde der dritte.« 99

91 Marx bezieht sich auf eine Geschichte in dem Buch »Deipnosophistai« (»Gastmahl der Gelehrten«) des griechischen Schriftstellers Athenaios (2./3. Jh.), wo Agesilaos seinem Bundesgenossen, dem Pharao Tachos, klarmacht, daß kleine Statur und beachtliche Resultate sich gegenseitig nicht ausschließen. 100

92 Nach der griechischen Sage schleuderte Eris, die Göttin der Zwietracht, auf der Hochzeit des Peleus und der Thetis, weil sie nicht eingeladen war, einen goldenen Apfel mit der Aufschrift »der Schönsten« unter die Gäste. Damit entfachte sie einen Streit zwischen Hera, Athene und Aphrodite. Paris, zum Schiedsrichter gemacht, entschied für Aphrodite, die ihm zum Dank beim Raub der Helena half und damit den Trojanischen Krieg auslöste. Seitdem gilt der Erisapfel als Sinnbild für Zank und Streit. 101

93 William Shakespeare, »König Richard III.«, I. Akt, 2. Szene. 103

94 *Julirevolution* — in der Revolution vom 27. bis 29. Juli 1830 er-

zwangen die Pariser Arbeiter, Kleinbürger und Studenten den Sturz der Bourbonenherrschaft unter Karl X. Die Finanzbourgeoisie nutzte jedoch deren Unorganisiertheit aus, um die Macht zu ergreifen, und setzte Louis-Philippe, Herzog von Orléans, als sogenannten Bürgerkönig ein. Die Julirevolution fand starken Widerhall in der fortschrittlichen Öffentlichkeit aller Länder und gab den Anstoß zu revolutionären und nationalen Erhebungen in Belgien, Deutschland, Polen und Italien. 105

95 Im Lager der Legitimisten gab es während der Restaurationsperiode taktische Meinungsverschiedenheiten. Ludwig XVIII. und Villèle bestanden auf einer vorsichtigen Durchführung reaktionärer Maßnahmen, während Graf d'Artois (ab 1824 König Karl X.) und Polignac unter Mißachtung der politischen Situation in Frankreich für die völlige Wiederherstellung der vorrevolutionären Ordnung eintraten.

Die *Tuilerien* in Paris waren die Residenz Ludwigs XVIII.; der *Pavillon Marsan*, ein Teil des Schlosses, war die Residenz des Grafen d'Artois. 106

96 Der Antrag wurde auf der Sitzung der gesetzgebenden Nationalversammlung am 2. Juni 1851 vorgelegt und in »Le Moniteur universel« (Paris) vom 3. Juni 1851 veröffentlicht. 107

97 Die Lilie war das Wappenzeichen der Bourbonendynastie. 109

98 Siehe Louis-Napoléon Bonaparte, »Réponse [au discours du maire de Dijon au banquet offert par la ville à M. le Président de la République, le 1 juin 1851]«, in »Le Moniteur universel« (Paris) vom 3. Juni 1851. 111

99 *Londoner Industrieausstellung* — erste internationale Handels- und Industrieausstellung, die von Mai bis Oktober 1851 stattfand. 114

100 Aus dem Artikel »The spirit of the annual trade circulars. The year that is past«, veröffentlicht im »Economist« (London) vom 10. Januar 1852. 116

101 Worte, die Major von Schill am 12. Mai 1809 auf dem Marktplatz von Arneburg an der Elbe der begeisterten Schar zurief, die ihm von Berlin aus nachgezogen war. Es ist eine Weiterführung der Textstelle aus der »Bibel. Das Alte Testament«, Psalm 73, 19.

Ein ähnlicher Gedanke findet sich bereits in Homers »Ilias«, XV, 511, und »Odyssee«, XII, 350. 117

102 *Buridans Esel* — ein dem französischen Logiker Jean Buridan fälschlich zugeschriebenes Beispiel, das die »Unfreiheit« des

Willens erläutern soll: ein hungriger Esel, der in der Mitte zwischen zwei gleich großen Heubündeln steht, könne sich weder für das eine noch für das andere entscheiden und müsse deshalb verhungern. 120

103 »Journal des Débats politiques et littéraires« (Paris), 26. November 1851. 121

104 Am 4. Dezember 1851 schlugen Regierungstruppen, die von bonapartistischen Generalen befehligt wurden, einen gegen den Staatsstreich gerichteten republikanischen Aufstand in Paris nieder. Der Aufstand wurde von einer Gruppe linker Abgeordneter der gesetzgebenden Nationalversammlung und Führern von Arbeitervereinigungen und Geheimgesellschaften geleitet. Unter Einsatz von Geschützen zerstörten die Truppen die von den Verteidigern der Republik errichteten Barrikaden. Während der Kämpfe schossen betrunkene Offiziere und Soldaten auf Passanten, Kaffeehausbesucher und Beobachter an Fenstern und auf Balkonen. Einige Bürgerhäuser wurden ebenfalls beschädigt. 121

105 Während der bürgerlichen Revolution in England fand 13 Jahre lang (1640–1653) keine Neuwahl des Parlaments statt. Dieses Parlament wurde deshalb als »Langes Parlament« bezeichnet. 121

106 Siehe »Le Moniteur universel« (Paris), 3. Dezember 1851. 122

107 *Dans cinquante ans l'Europe séra républicaine ou cosaque.«* (»In fünfzig Jahren wird Europa republikanisch sein oder kosakisch.«) – Zitat aus Emmanuel de Las Cases, »Mémorial de Saint-Hélène, ou journal où se trouve consigné, jour par jour, ce qu'a dit et fait Napoléon durant dix-huit mois«, Paris 1822/1823. 126

108 William Shakespeare, »Hamlet«, I. Akt, 5. Szene. 128

109 *Code Napoléon* – 1804 wurde auf Veranlassung Napoleons I. das noch heute geltende Zivilgesetzbuch Frankreichs, der Code civil des Français, das 1807 als Code Napoléon neu gefaßt wurde, eingeführt. 131

110 Marx vergleicht die Verfolgungen der Bauern und der anderen Teilnehmer der republikanischen Bewegung durch die bonapartistischen Behörden mit den Verfolgungen der sogenannten Demagogen in Deutschland während der zwanziger und dreißiger Jahre des 19. Jahrhunderts.

»*Demagogische Umtriebe*« – die nach den Freiheitskriegen (1813–1815) einsetzende bürgerlich-patriotische, antifeudale Oppositionsbewegung, deren Vertreter von der Reaktion als »Demagogen« (Volksverführer) bezeichnet wurden. Auf der

Karlsbader Konferenz 1819 faßten die Minister der deutschen Staaten Beschlüsse, die besonders zur Verfolgung der akademischen und publizistischen Opposition führte. 131

111 *Cevennen* — eine Gebirgsregion in der französischen Provinz Languedoc. Hier fand von 1702 bis 1705 ein Bauernaufstand statt, der aus Protest gegen die Hugenottenverfolgungen begann, später aber einen stark ausgeprägten antifeudalen Charakter annahm.

Vendée — Departement im Westen Frankreichs, während der Französischen Revolution ein Zentrum der royalistischen Kräfte. 1793 organisierten sie einen konterrevolutionären Aufstand, der sich auf die Bauernschaft dieses ökonomisch rückständigen Gebietes stützte. Seitdem ist der Begriff Vendée ein Synonym für konterrevolutionäre Aktivitäten. 132

112 *vile multitude (schofle Menge)* — von Adolphe Thiers gebrauchter Ausdruck in seiner Rede vor der gesetzgebenden Nationalversammlung am 24. Mai 1850, abgedruckt in »Le Moniteur universel« (Paris) vom 25. Mai 1850. 132

113 Marx bezieht sich auf eine Rede von Montalembert in der gesetzgebenden Nationalversammlung am 22. Mai 1850, in der er dazu aufforderte, einen »ernsthaften Krieg gegen den Sozialismus zu führen«. 136

114 Das *Konzil von Konstanz* (1414—1418) wurde einberufen, um die erschütterte Stellung der katholischen Kirche unter den Bedingungen der beginnenden Reformation zu festigen. Das Konzil verwarf die Lehren der Führer der Reformation John Wycliffe und Jan Hus. Es stellte die Einheit der katholischen Kirche wieder her und wählte anstatt der drei Prätendenten, die sich gegenseitig den päpstlichen Thron streitig machten, ein neues Haupt der Kirche. 138

115 Der *»wahre« Sozialismus,* der seit 1844 in Deutschland propagiert wurde, war ein Ausdruck der reaktionären Ideologie des deutschen Kleinbürgertums. Die »wahren« Sozialisten lehnten die politische Tätigkeit und den Kampf für die Demokratie ab. Ihre pseudosozialistischen Ideen, verbrämt mit »Liebesduselei« und abstraktem »Menschentum« einerseits und mit Philistertum und politischer Feigheit andererseits, waren besonders im Deutschland der vierziger Jahre des 19. Jahrhunderts schädlich, als die Vereinigung der demokratischen Kräfte im Kampf gegen den Feudalismus und die Schaffung einer selbständigen revolutionä-

ren proletarischen Bewegung die Hauptaufgaben waren. Eine Kritik dieser Richtung gaben Marx und Engels in ihren Werken »Die deutsche Ideologie«, »Zirkular gegen Kriege«, »Deutscher Sozialismus in Versen und Prosa«, »Die wahren Sozialisten« und »Manifest der Kommunistischen Partei« (MEW, Bd. 3, S. 439–530, sowie Bd. 4, S. 3–17, 207–290 und 485–488). 138

116 *Leoninischer Vertrag* — ein nach Äsops Fabel vom Löwen (lat. leo) benannter Vertrag, wonach der eine Partner allen Nutzen zieht, der andere allen Nachteil trägt. 139

117 »*C'est le premier vol de l'aigle*« (»*Das ist der erste Flug/Diebstahl des Adlers*«) — dieses Witzwort der Gräfin Lehon und die sarkastische Bemerkung der Frau de Girardin über das bonapartistische Regime, die Marx am Ende des Absatzes anführt, hatte er zusammen mit anderen Fakten, die er im »Achtzehnten Brumaire« verwendet, von Richard Reinhardt erhalten. Reinhardt war deutscher Flüchtling in Paris und Sekretär Heinrich Heines. In einem Brief an Ferdinand Lassalle vom 23. Februar 1852 gibt Marx einen Brief von Reinhardt wieder, der folgenden Absatz enthält:

»Was den mit Dupin abgetretnen Minister de Morny betrifft, so kannte man ihn als den escroc [Betrüger] des Mannes seiner Mätresse, der Gräfin Lehon, ein Umstand, der die Frau des Émile de Girardin sagen ließ, man habe wohl schon Regierungen in den Händen von Männern gesehn, die von ihren Frauen regiert worden, aber noch keine früher in den Händen von hommes entretenus [ausgehaltenen Männern]. Jetzt ist nun dieselbe Gräfin Lehon in ihrem Salon eine der heftigsten Schreierinnen gegen Bonaparte und rührt von ihr das bekannte Witzwort her, das sie bei Gelegenheit der Orleansschen Güterkonfiskation fallenließ: C'est le premier vol de l'aigle. Émile de Girardin wurde um der Bemerkung seiner Frau willen expulsiert.« (MEW, Bd. 28, S. 496.) 140

118 Während der Unmündigkeit Ludwigs XV. war Philipp von Orléans von 1715 bis 1723 Regent. 141

119 *Heiliger Rock zu Trier* — eine Reliquie, die im Dom zu Trier aufbewahrt wird; angeblich das ungenähte Kleid Jesu, mit dem er ans Kreuz geschlagen wurde. Seine Ausstellung 1844 zog über eine Million Pilger an. 141

Verzeichnis der Zeitschriften und Zeitungen

L'Assemblée nationale (Paris) — Tageszeitung, erschien von 1848 bis 1857; vertrat bis 1851 die Ansichten der Legitimisten und Orleanisten und unterstützte ihre Verschmelzung. 104

Le Constitutionnel. Journal politique, littéraire, universel (Paris) — Tageszeitung, erschien von 1815 bis 1870; in den vierziger Jahren Organ der gemäßigten Orleanisten; unterstützte 1848/1849 die konterrevolutionäre Bourgeoisie, die um Adolphe Thiers gruppiert war; nach dem Staatsstreich vom 2. Dezember 1851 bonapartistisches Organ. 141

La Démocratie pacifique. Journal des intérêts des gouvernements et des peuples (Paris) — Tageszeitung, erschien vom 1. August 1843 bis 30. November 1851; Organ der Anhänger Fouriers, redigiert von Victor Considérant. 56

The Economist, Weekly Commercial Times, Bankers' Gazette, and Railway Monitor: a political, literary, and general newspaper (London) — Wochenblatt, erscheint seit 1843; Organ der industriellen Großbourgeoisie. 109 113

Journal des Débats politiques et littéraires (Paris) — Tageszeitung, gegründet 1789; seit 1814 unter diesem Titel; konservatives Blatt, während der Julimonarchie Regierungsorgan; unterstützte 1848/1849 die Konterrevolution; nach dem Staatsstreich vom 2. Dezember 1851 Organ der gemäßigten orleanistischen Opposition. 31 121

Le Messager de l'Assemblée. Journal quotidien, politique et littéraire (Paris) — Tageszeitung, erschien vom 16. Februar bis 2. Dezember 1851. 117

Le Moniteur universel (Paris) — Tageszeitung, erschien von 1789 bis 1901; von 1799 bis 1814 und von 1816 bis 1868 offizielles Regierungsorgan; trug ab 26. Februar 1848 vorübergehend den Untertitel »Journal officiel de la République Française«. 44 80 92 93 97 122

Le National (Paris) — Tageszeitung, erschien von 1830 bis 1851; in den
vierziger Jahren Organ der gemäßigten bürgerlichen Republikaner.
31–33 41 75

*La Patrie. Journal du commerce, de l'agriculture, de l'industrie, de la
littérature, des sciences et des arts* (Paris) — Tageszeitung, gegründet 1841; unterstützte 1850 den monarchistischen Wahlblock;
nach dem Staatsstreich vom 2. Dezember 1851 Organ der Bonapartisten. 91

La Presse (Paris) — Tageszeitung, erschien von 1836 bis 1866; während
der Julimonarchie Sprachrohr der Opposition; unterstützte
1848/1849 die bürgerlichen Republikaner, später die Bonapartisten;
von 1836 bis 1857 redigiert von Émile de Girardin. 75

La Réforme (Paris) — Tageszeitung, erschien von Juli 1843 bis Januar
1850; Organ der kleinbürgerlichen Demokraten und Republikaner
sowie Sozialisten; gegründet von Alexandre Ledru-Rollin; veröffentlichte von Oktober 1847 bis Januar 1848 Artikel von Engels.
56

Die Revolution (New York) — kommunistische Wochenschrift, erschienen am 6. und 13. Januar 1852, herausgegeben von Joseph
Weydemeyer; unter dem Titel »Die Revolution. Eine Zeitschrift in
zwanglosen Heften« folgten im Mai und Juni 1852 noch zwei Aus-
gaben. 9

Personenverzeichnis

Agesilaos (etwa 444 bis etwa 360 v. u. Z.) König von Sparta (etwa 401 bis etwa 360 v. u. Z.). 100

Agis II. König von Sparta (427 bis etwa 401 v. u. Z.); älterer Bruder von Agesilaos. 100

Ailly, Pierre d' (1350–1420) französischer Theologe, Kardinal. 138

Albert (eigtl. *Alexandre Martin*, genannt der *Arbeiter Albert*) (1815–1895) französischer Arbeiter; Blanquist; während der Julimonarchie führendes Mitglied revolutionärer Geheimgesellschaften; leitete während der Februarrevolution 1848 die bewaffneten Aufstände der Pariser Arbeiter, Mitglied der provisorischen Regierung, als Teilnehmer an der Demonstration vom 15. Mai 1848 zur Verbannung verurteilt. 27

Alexander der Große (356–323 v. u. Z.) König von Makedonien (336–323 v. u. Z.). 83

Allais, Louis-Pierre-Constant (geb. etwa 1821) französischer Polizeiagent. 82 87

Anglès → *Boissy d'Anglas, Jean-Gabriel, comte de*

Arsenius (etwa 354 bis etwa 450) römischer Adliger; christlicher Heiliger, lebte als Einsiedler in der ägyptischen Wüste. 126

Bailly, Jean-Sylvain (1736–1793) französischer Astronom und Politiker; Führer der liberalen konstitutionellen Bourgeoisie während der Französischen Revolution; hingerichtet. 21

Balzac, Honoré de (1799–1850) französischer realistischer Schriftsteller. 141

Baraguay d'Hilliers, Achille, comte (1795–1878) französischer General, 1854 Marschall; Bonapartist; während der Zweiten Republik Deputierter der konstituierenden und der gesetzgebenden Nationalversammlung, Ultrarechter. 93 108

Barbès, Armand (1809–1870) französischer Revolutionär; ein Leiter der Société des saisons, 1839 zu lebenslänglicher Haft verurteilt; 1848 Oberst der Nationalgarde und Deputierter der konstituierenden Nationalversammlung, als Teilnehmer an der Demonstration vom 15. Mai 1848 erneut zu lebenslänglicher Haft verurteilt; 1854 amnestiert, danach Emigrant in den Niederlanden. 27

Baroche, Pierre-Jules (1802–1870) französischer Jurist und Politiker;

während der Zweiten Republik Deputierter der konstituierenden und der gesetzgebenden Nationalversammlung, Anhänger der Ordnungspartei; 1849 Generalstaatsanwalt des Appellationsgerichts, Innenminister (März 1850 bis Januar 1851) und Außenminister (April bis Oktober 1851). 73 74 87 89 93 94 99

Barrot, Odilon (1791–1873) französischer Jurist und Politiker; während der Julimonarchie Führer der liberalen Opposition, Ministerpräsident (Dezember 1848 bis Oktober 1849), stützte sich auf den konterrevolutionären monarchistischen Block; zog sich Ende 1849 von der politischen Tätigkeit zurück. 41 42 44 48 65–67 78 95 98 106 117

Baze, Jean-Didier (1800–1881) französischer Advokat und Politiker; während der Zweiten Republik Deputierter der konstituierenden und der gesetzgebenden Nationalversammlung, Orleanist. 105 122

Bedeau, Marie-Alphonse (1804–1863) französischer General und Politiker, gemäßigter bürgerlicher Republikaner; nahm in den dreißiger bis vierziger Jahren an der Eroberung Algeriens teil; während der Zweiten Republik Vizepräsident der konstituierenden und der gesetzgebenden Nationalversammlung; Befehlshaber einer Truppenabteilung während des Juniaufstandes 1848 in Paris; nach dem Staatsstreich vom 2. Dezember 1851 aus Frankreich ausgewiesen. 24 49 94

Benoist (Benoît) d'Azy, Denis, comte (1796–1880) französischer Politiker, Finanzier und Industrieller; Vizepräsident der gesetzgebenden Nationalversammlung (1849–1851), Legitimist. 98 105

Bernard französischer Oberst, Leiter der Militärkommission, die Teilnehmer am Juniaufstand 1848 in Paris erschießen oder deportieren ließ; nach dem Staatsstreich vom 2. Dezember 1851 ein Organisator der gerichtlichen Verfolgungen antibonapartistischer Republikaner. 39

Berryer, Pierre-Antoine (1790–1868) französischer Advokat und Politiker; während der Julimonarchie Führer der legitimistischen Opposition; während der Zweiten Republik Deputierter der konstituierenden und der gesetzgebenden Nationalversammlung. 53 73 95 105 106 109 113

Billault, Auguste-Adolphe-Marie (1805–1863) französischer Jurist und Politiker, Orleanist; während der Zweiten Republik Deputierter der konstituierenden und gesetzgebenden Nationalversammlung; nach dem Staatsstreich vom 2. Dezember 1851 Präsident der gesetzgebenden Nationalversammlung, Bonapartist. 98

Blanc, Louis (1811–1882) französischer Journalist und Historiker; kleinbürgerlicher Sozialist; 1848 Mitglied der provisorischen Regierung und Präsident der Luxembourg-Kommission; vertrat den Standpunkt der Klassenversöhnung und des Paktierens mit der Bourgeoisie; emigrierte im August 1848 nach England und war dort ein Führer der kleinbürgerlichen Emigration. 19

Blanqui, Louis-Auguste (1805–1881) französischer utopischer Kommunist; Organisator mehrerer Geheimgesellschaften und Verschwörungen, aktiver Teilnehmer der Revolutionen 1830 und 1848; bedeutender Führer der proletarischen Bewegung in Frankreich; verbrachte insgesamt 36 Jahre in Gefängnissen und Strafkolonien. 27

Boichot, Jean-Baptiste (1820–1889) französischer Republikaner; 1849 Deputierter der gesetzgebenden Nationalversammlung, Teilnehmer der Demonstration vom 13. Juni 1849; emigrierte. 49

Boissy d'Anglas, Jean-Gabriel, comte de (1782–1864) Deputierter der gesetzgebenden Nationalversammlung, Orleanist. 110

Bonaparte → *Napoleon III.*

Bonaparte Kaiserdynastie in Frankreich (1804–1814, 1815 und 1852–1870). 22 130 131

Bourbon französische Königsdynastie; regierte in Frankreich 1589–1792, 1814/1815 und 1815–1830, der jüngere Zweig (Orléans) regierte 1830–1848, andere Zweige herrschten in Spanien (1701–1808, 1814–1868, 1874–1931), in Neapel-Sizilien (1735–1860) und in Parma (1748–1859). 40 50 101 103 105 130

Broglie, Achille-Charles-Léonce-Victor, duc de (1785–1870) französischer Staatsmann, Ministerpräsident (1835/1836), Deputierter der gesetzgebenden Nationalversammlung (1849–1851), Orleanist. 73 106

Brutus (Marcus Iunius Brutus) (85–42 v. u. Z.) römischer Staatsmann, Republikaner; ein Initiator der Verschwörung gegen Julius Cäsar. 20

Buridan, Jean (etwa 1300 bis nach 1358) französischer Philosoph, Scholastiker. 120

Cäsar (Gaius Iulius Caesar) (etwa 100–44 v. u. Z.) römischer Staatsmann, Feldherr und Schriftsteller. 20

Caligula (eigtl. *Gaius Caesar*) (12–41) römischer Kaiser (37–41). 43

Carlier, Pierre-Charles-Joseph (1799–1858) Polizeipräfekt von Paris (1849–1851); Bonapartist. 68 82 89 118

Carnot, Hippolyte (1801–1888) französischer Schriftsteller und Politiker; 1848 Mitglied der provisorischen Regierung, Deputierter der gesetzgebenden Nationalversammlung (1850/1851). 73

Caussidière, Marc (1808–1861) französischer kleinbürgerlicher Sozialist, während der Julimonarchie ein Organisator revolutionärer Geheimgesellschaften; Polizeipräfekt von Paris (Februar bis Mai 1848), Deputierter der konstituierenden Nationalversammlung; floh im August 1848 wegen der Vorbereitung des Hochverratsprozesses von Bourges nach England. 19

Cavaignac, Louis-Eugène (1802–1857) französischer General und Politiker, gemäßigter bürgerlicher Republikaner; nahm in den dreißiger und vierziger Jahren an der Eroberung Algeriens teil, wegen seiner barbarischen Kriegführung berüchtigt; nach der Februarrevolution 1848 Generalgouverneur von Algier; unterdrückte grausam den Juniaufstand 1848 in Paris; Ministerpräsident (Juni bis Dezember 1848). 24 32 38–40 49 96 111 122

Chambord, Henri-Charles d'Artois, duc de Bordeaux, comte de (1820–1883) letzter Vertreter der ältesten Linie der Bourbonen, nach dem Sieg der Julirevolution 1830 in der Verbannung; unter dem Namen Heinrich V. französischer Thronprätendent der Legitimisten. 53 63 79 104–106 109

Changarnier, Nicolas-Anne-Théodule (1793–1877) französischer General und Politiker; Monarchist; 1848/1849 Deputierter der konstituierenden und der gesetzgebenden Nationalversammlung; ein Unterdrücker des Juniaufstandes 1848 in Paris; nach Juni 1848 Oberbefehlshaber der Nationalgarde und der Garnison von Paris; nahm an der Auseinanderjagung der Demonstration vom 13. Juni 1849 in Paris teil; nach dem Staatsstreich vom 2. Dezember 1851 aus Frankreich ausgewiesen, kehrte 1859 nach Frankreich zurück. 43–45 48 56 62 82–84 87 91–96 99 107 110 117 120 122

Charras, Jean-Baptiste-Adolphe (1810–1865) französischer Militär und Politiker, gemäßigter bürgerlicher Republikaner; während der Zweiten Republik Deputierter der konstituierenden und der gesetzgebenden Nationalversammlung; nahm an der Unterdrückung des Juniaufstandes 1848 in Paris teil; trat gegen Louis Bonaparte auf; nach dem Staatsstreich vom 2. Dezember 1851 aus Frankreich ausgewiesen. 10 122

Commissaire, Sébastien (1822–1890) französischer Republikaner; 1849 Deputierter der gesetzgebenden Nationalversammlung, Teilnehmer der Demonstration vom 13. Juni 1849; verbannt nach Korsika. 49

Constant de Rebecque, Henri-Benjamin (1767—1830) französischer Politiker und Schriftsteller; Vertreter der antidemokratischen Richtung des bürgerlichen Liberalismus. 20

Cousin, Victor (1792—1867) französischer idealistischer Philosoph, Eklektiker. 20

Creton, Nicolas-Joseph (1798—1864) französischer Advokat und Politiker; während der Zweiten Republik Deputierter der konstituierenden und der gesetzgebenden Nationalversammlung, Orleanist. 103

Cromwell, Oliver (1599—1658) englischer Staatsmann; Führer der Bourgeoisie und des verbürgerlichten Adels während der bürgerlichen Revolution; Lord-Protektor von England, Schottland und Irland (1653—1658). 21 121 122

Danton, Georges-Jacques (1759—1794) Politiker der Französischen Revolution, Führer des rechten Flügels der Jakobiner; trat Ende 1793 für die Beendigung der Jakobinerdiktatur ein; hingerichtet. 19 20

Deflotte, Paul (1817—1860) französischer Marineoffizier; demokratischer Sozialist, Anhänger Fouriers; Teilnehmer der Februarrevolution 1848, Junideportierter; Deputierter der gesetzgebenden Nationalversammlung (1850/1851); 1852 Ausweisung nach Belgien; Mitkämpfer Garibaldis für die Einheit Italiens (1859/1860); gefallen in der Schlacht bei Reggio di Calabria. 73

Desfossés, Romain-Joseph (1798—1864) französischer Admiral; Deputierter der gesetzgebenden Nationalversammlung; Marineminister (November 1849 bis Januar 1851). 91

Desmoulins, Camille (1760—1794) französischer Publizist und Politiker; während der Französischen Revolution rechter Jakobiner, Freund Dantons; hingerichtet. 20

Duchâtel, Charles-Marie-Tanneguy, comte (1803—1867) französischer Staatsmann; Handelsminister (1834—1836) und Innenminister (1839 und 1840—1848). 105

Dupin, André (1783—1865) französischer Jurist und Politiker; Präsident der Deputiertenkammer (1832—1839); während der Zweiten Republik Deputierter der konstituierenden und Präsident der gesetzgebenden Nationalversammlung; Orleanist, später Bonapartist. 56 82 87

Duprat, Pascal (1815—1885) französischer Journalist und Politiker, bürgerlicher Republikaner; während der Zweiten Republik Deputierter der konstituierenden und der gesetzgebenden Nationalversammlung; Gegner Louis Bonapartes. 89 90

Engels, Friedrich (1820—1895). 13

Falloux, Frédéric, comte de (1811—1886) französischer Schriftsteller und Politiker; während der Zweiten Republik Deputierter der konstituierenden und der gesetzgebenden Nationalversammlung, Legitimist und Klerikaler; auf seine Initiative wurden 1848 die Nationalateliers aufgelöst und der Juniaufstand in Paris niedergeschlagen; Unterrichtsminister (Dezember 1848 bis September 1849). 48 65 66 106 109

Faucher, Léon (1803—1854) französischer Publizist, Ökonom und Politiker; während der Zweiten Republik Deputierter der konstituierenden und der gesetzgebenden Nationalversammlung, Orleanist, später Bonapartist; Innenminister (Dezember 1848 bis Juni 1849) und Ministerpräsident (1851—1854). 75 99 106

Fould, Achille (1800—1867) französischer Bankier und Politiker; während der Zweiten Republik Deputierter der konstituierenden und der gesetzgebenden Nationalversammlung, Orleanist, später Bonapartist; Finanzminister (1849—1852 mit Unterbrechungen und 1861—1867). 68 91 93 99 109

Girardin, Delphine de (1804—1855) französische Schriftstellerin; Frau von Émile de Girardin. 141

Girardin, Émile de (1806—1881) französischer Publizist und Politiker; Gründer und Redakteur der Zeitung »La Presse«; Deputierter der gesetzgebenden Nationalversammlung (1850/1851), bürgerlicher Republikaner, später Bonapartist. 90

Giraud, Charles-Joseph-Barthélemy (1802—1881) französischer Jurist; Monarchist; 1851 Unterrichtsminister. 119

Gracchen → *Gracchus (Gaius Sempronius Gracchus)* und *Gracchus (Tiberius Sempronius Gracchus)*

Gracchus (Gaius Sempronius Gracchus) (153—121 v. u. Z.) Volkstribun in Rom (123—122 v. u. Z.); kämpfte mit seinem Bruder Tiberius Sempronius Gracchus für die Durchführung von Agrargesetzen im Interesse der Bauernschaft. 20

Gracchus (Tiberius Sempronius Gracchus) (163—133 v. u. Z.) Volkstribun in Rom (133 v. u. Z.). 20

Graf von Paris → *Louis-Philippe-Albert d'Orléans, comte de Paris*

Granier de Cassagnac, Bernard-Adolphe (1806—1880) französischer Journalist und Politiker; vor der Revolution 1848 Orleanist, später Bonapartist; während des Zweiten Kaiserreichs Deputierter des Corps législatif; Mitarbeiter der Zeitung »Le Constitutionnel«. 141

Guizot, François-Pierre-Guillaume (1787—1874) französischer Staatsmann und Historiker; Orleanist; Außenminister (1840—1848) und Ministerpräsident (1847/1848); vertrat die Interessen der Finanzbourgeoisie. 20 35 105 106 127 141

Hautpoul, Alphonse-Henri, marquis d' (1789—1865) französischer General; Legitimist, danach Bonapartist; Deputierter der gesetzgebenden Nationalversammlung (1849—1851), Kriegsminister (Dezember 1849 bis August 1850). 67 68 73 83—85

Hegel, Georg Wilhelm Friedrich (1770—1831) Vertreter der klassischen bürgerlichen deutschen Philosophie; objektiver Idealist. 19

Heinrich II. von Lothringen, Herzog von Guise (1614—1664) ein Führer der Fronde. 140

Heinrich V.→ Chambord, Henri-Charles d'Artois, duc de Bordeaux, comte de

Heinrich VI. (1421—1471) König von England (1422—1461). 103

Henri V.→ Chambord, Henri-Charles d'Artois, duc de Bordeaux, comte de

Hugo, Victor (1802—1885) französischer Schriftsteller; 1845 Pair von Frankreich; während der Zweiten Republik Deputierter der konstituierenden und der gesetzgebenden Nationalversammlung, bürgerlicher Republikaner; emigrierte nach dem Staatsstreich vom 2. Dezember 1851 nach der Insel Jersey. 9 10 66

Joinville, François d'Orléans, prince de (1818—1900) französischer Admiral; floh beim Ausbruch der Februarrevolution 1848 nach England; Sohn von Louis-Philippe. 105 106 117

La Hitte, Jean-Ernest Ducos, vicomte de (1789—1878) französischer General; Deputierter der gesetzgebenden Nationalversammlung (1850/1851), Bonapartist; Außenminister (November 1849 bis Januar 1851). 73

Lamartine, Alphonse de (1790—1869) französischer Dichter, Historiker und Politiker; während der Julimonarchie ein Führer der gemäßigten Republikaner; 1848 Außenminister und eigentliches Haupt der provisorischen Regierung, Deputierter der konstituierenden Nationalversammlung und Mitglied der Exekutivkommission. 98

Lamoricière, Christophe-Louis Juchault de (1806–1865) französischer General und Politiker; nahm in den dreißiger und vierziger Jahren an der Eroberung Algeriens teil; während der Zweiten Republik Deputierter der konstituierenden und der gesetzgebenden Nationalversammlung, gemäßigter Republikaner; nahm an der Unterdrückung des Juniaufstandes 1848 in Paris teil; Kriegsminister (Juni bis Dezember 1848); nach dem Staatsstreich vom 2. Dezember 1851 aus Frankreich verbannt. 24 49 122

Larochejaquelein (La Rochejaquelein), Henri-Auguste-Georges, marquis de (1805–1867) französischer Politiker; während der Zweiten Republik Deputierter der konstituierenden und der gesetzgebenden Nationalversammlung, ein Führer der Legitimisten; im Zweiten Kaiserreich Senator. 106

Ledru-Rollin, Alexandre-Auguste (1807–1874) französischer Jurist, Publizist und Politiker, ein Führer der kleinbürgerlichen Demokraten; Redakteur der Zeitung »La Réforme«; 1848 Innenminister der provisorischen Regierung und Mitglied der Exekutivkommission; während der Zweiten Republik Deputierter der konstituierenden und der gesetzgebenden Nationalversammlung, stand an der Spitze der Montagne; emigrierte nach der Demonstration vom 13. Juni 1849 nach England. 32 49 56 59 60

Le Flô, Adolphe (1804–1887) französischer General, Politiker und Diplomat; während der Zweiten Republik Deputierter der konstituierenden und der gesetzgebenden Nationalversammlung, Vertreter der Ordnungspartei; nach dem Staatsstreich vom 2. Dezember 1851 aus Frankreich verbannt; Kriegsminister der Regierung der nationalen Verteidigung (1870/1871). 45 122

Lehon, comtesse Frau des Grafen Charles-Aimé-Joseph de Lehon, des belgischen Gesandten in Paris (1831–1842); lebte in den dreißiger bis fünfziger Jahren in Paris, unterhielt enge Beziehungen zur Dynastie der Orléans. 140

Locke, John (1632–1704) englischer Philosoph, Sensualist; Ökonom. 21

Louis Bonaparte→ *Napoleon III. Louis Bonaparte*

Louis-Napoléon→ *Napoleon III. Louis Bonaparte*

Louis-Philippe, duc d'Orléans (1773–1850) König der Franzosen (1830–1848). 25 27 31–33 39 41 48 62 63 65 79 104–106 108 109 129

Louis-Philippe-Albert d'Orléans, comte de Paris (1838–1894) orleanistischer Thronprätendent; Enkel von Louis-Philippe. 104 105

Ludwig XIV. (1638–1715) König von Frankreich (1643–1715). 131
Ludwig XV. (1710–1774) König von Frankreich (1715–1774). 141
Ludwig XVIII. (1755–1824) König von Frankreich (1814/1815 und 1815–1824). 20
Luther, Martin (1483–1546) Theologe; Begründer des Protestantismus in Deutschland; Wortführer der gemäßigten Richtung in der deutschen frühbürgerlichen Revolution. 19

Magnan, Bernard-Pierre (1791–1865) französischer General, seit Dezember 1851 Marschall; nahm teil an der Unterdrückung der Arbeiteraufstände in Lyon (1831 und 1849), in Lille und Roubaix (1845) und des Juniaufstandes 1848 in Paris; Deputierter der gesetzgebenden Nationalversammlung (1849–1851), Bonapartist; ein Organisator des Staatsstreichs vom 2. Dezember 1851. 108 118 122
Maleville, Léon de (1803–1879) französischer Politiker; während der Zweiten Republik Deputierter der konstituierenden und der gesetzgebenden Nationalversammlung, Orleanist. 98
Marrast, Armand (1801–1852) französischer Publizist und Politiker, ein Führer der gemäßigten bürgerlichen Republikaner; Chefredakteur der Zeitung »Le National«; 1848 Mitglied der provisorischen Regierung und Maire von Paris, Präsident der konstituierenden Nationalversammlung (1848/1849). 21 32 45
Marx, Karl (1818–1883). 9–13 40 41 44 63 68 109 113 121
Masaniello (eigtl. *Tommaso Aniello*) (1620–1647) italienischer Fischer, 1647 Führer des Volksaufstandes in Neapel gegen die spanische Herrschaft. 121
Mauguin, François (1785–1854) französischer Jurist und Politiker, bis 1848 ein Führer der liberalen dynastischen Opposition; während der Zweiten Republik Deputierter der konstituierenden und der gesetzgebenden Nationalversammlung. 86 88
Maupas, Charlemagne-Émile de (1818–1888) französischer Advokat; Bonapartist; 1851 Polizeipräfekt von Paris, ein Organisator des Staatsstreichs vom 2. Dezember 1851; Justizminister (1852/1853). 118
Molé, Louis-Mathieu, comte (1781–1855) französischer Staatsmann, Ministerpräsident (1836–1839); während der Zweiten Republik Deputierter der konstituierenden und der gesetzgebenden Nationalversammlung, Orleanist, ein Führer der Ordnungspartei. 73 106
Monk, George, Duke of Albemarle (1608–1670) englischer General und Staatsmann; erst Royalist, dann General in der Armee Cromwells, ermöglichte 1660 die Restauration der Dynastie Stuart. 83

Montalembert, Charles Forbes, comte de (1810–1870) französischer Publizist und Politiker; während der Zweiten Republik Deputierter der konstituierenden und der gesetzgebenden Nationalversammlung, Haupt der katholischen Partei; unterstützte den Staatsstreich vom 2. Dezember 1851, ging später zur Opposition über. 95 106 136

Morny, Charles, duc de (1811–1865) französischer Politiker; Deputierter der gesetzgebenden Nationalversammlung (1849–1851), Bonapartist; ein Organisator des Staatsstreichs vom 2. Dezember 1851; Innenminister (Dezember 1851 bis Januar 1852) und Präsident des Corps législatif (1857–1865); Halbbruder Napoleons III. 140

Napoleon I. Bonaparte (1769–1821) Kaiser der Franzosen (1804–1814 und 1815). 10 19–22 38 81 83 121 122 126 128 129 132–135 137 139 141

Napoleon III. Louis Bonaparte (1808–1873) Präsident der Zweiten Republik (1848–1852), Kaiser der Franzosen (1852–1870); Neffe Napoleons I. 10 12 19 21 22 25 30–32 39–44 48 49 53 54 56 60–68 72–74 78–86 88–102 106–109 111–113 117–127 129–133 135–141

Neumayer, Maximilian Georg Joseph (1789–1866) französischer General, Anhänger der Ordnungspartei. 83

Ney, Edgar, comte de (1812–1882) französischer General; Deputierter der gesetzgebenden Nationalversammlung (1850/1851), Bonapartist; Adjutant des Präsidenten Louis Bonaparte. 66

Orléans französische Königsdynastie (1830–1848), der jüngere Zweig der Bourbonen. 40 50 51 101 104 105 130 139 140

Orléans, Hélène-Louise-Élisabeth d' (1814–1858) Prinzessin von Mecklenburg-Schwerin; Witwe Ferdinand-Philippes, duc d'Orléans, des ältesten Sohnes von Louis-Philippe. 32 66

Oudinot, Nicolas-Charles-Victor (1791–1863) französischer General; während der Zweiten Republik Deputierter der konstituierenden und der gesetzgebenden Nationalversammlung, gemäßigter Republikaner; befehligte 1849 die gegen die Römische Republik entsandten Truppen; versuchte, Widerstand gegen den Staatsstreich vom 2. Dezember 1851 zu organisieren. 44 60 61 66

Perrot, Benjamin-Pierre (1791–1865) französischer General; nahm an der Niederschlagung des Juniaufstandes 1848 in Paris teil; 1849 Kommandeur der Nationalgarde in Paris. 93

Persigny, Victor Fialin, duc de (1808–1872) französischer Staatsmann;

Deputierter der gesetzgebenden Nationalversammlung (1849 bis 1851), Bonapartist; ein Organisator des Staatsstreichs vom 2. Dezember 1851; Innenminister (1852–1854 und 1860–1863). 99 117

Piat, Jean-Pierre (1774–1862) französischer General; Bonapartist; Organisator der Gesellschaft des 10. Dezember. 80

Pius IX. (1792–1878) römischer Papst (1846–1878). 66

Polignac, Jules-Auguste-Armand, prince de (1780–1847) französischer Staatsmann der Restaurationsperiode; Legitimist und Klerikaler; Ministerpräsident und Außenminister (1829/1830). 106

Proudhon, Pierre-Joseph (1809–1865) französischer Publizist, Soziologe und Ökonom, Ideologe des Kleinbürgertums; ein theoretischer Begründer des Anarchismus; 1848 Deputierter der konstituierenden Nationalversammlung. 9 10 60

Publicola (Publius Valerius Poplicola) (gest. 503 v. u. Z.) nach der Überlieferung ein Begründer der römischen Republik; Konsul. 20

Raspail, François (1794–1878) französischer Naturwissenschaftler, Politiker und Journalist; sozialistischer Republikaner; Teilnehmer der Revolutionen von 1830 und 1848; 1848 Deputierter der konstituierenden Nationalversammlung, als Teilnehmer an der Demonstration vom 15. Mai 1848 zur Verbannung verurteilt. 27

Rateau, Jean-Pierre Lamotte (1800–1887) französischer Advokat; während der Zweiten Republik Deputierter der konstituierenden und der gesetzgebenden Nationalversammlung, Bonapartist. 42

Rattier, François-Edmond (1822–1890) französischer Republikaner; 1849 Deputierter der gesetzgebenden Nationalversammlung, Teilnehmer der Demonstration vom 13. Juni 1849; emigrierte. 49

Regnault (Regnaud) de Saint-Jean-d'Angély, Auguste, comte de (1794–1870) französischer General, 1859 Marschall; während der Zweiten Republik Deputierter der konstituierenden und der gesetzgebenden Nationalversammlung, Bonapartist; Kriegsminister (Januar 1851). 93

Rémusat, Charles, comte de (1797–1875) französischer Staatsmann und Schriftsteller; 1840 Innenminister; während der Zweiten Republik Deputierter der konstituierenden und der gesetzgebenden Nationalversammlung, Orleanist; während des Zweiten Kaiserreichs in Opposition zu Napoleon III.; Außenminister (1871–1873). 94

Richard III. (1452–1485) König von England (1483–1485). 103

Robespierre, Maximilien de (1758–1794) französischer Jurist und

Politiker; Führer der Jakobiner in der Französischen Revolution, stand 1793/1794 an der Spitze der revolutionären Regierung. 19 20

Rouher, Eugène (1814—1884) französischer Staatsmann; während der Zweiten Republik Deputierter der konstituierenden und der gesetzgebenden Nationalversammlung, Republikaner, später Bonapartist; Justizminister (1849—1852 mit Unterbrechungen); Ministerpräsident (1863—1869). 86 91 99

Royer-Collard, Pierre-Paul (1763—1845) französischer Philosoph und Politiker, Anhänger der konstitutionellen Monarchie. 20

Saint-Arnaud, Jacques Leroy de (1798—1854) französischer General, 1852 Marschall; Bonapartist; Kriegsminister (Oktober 1851 bis September 1854); ein Organisator des Staatsstreichs vom 2. Dezember 1851. 45

Saint-Just, Louis de (1767—1794) französischer Politiker, führender Jakobiner in der Französischen Revolution. 20

Saint-Priest, Emmanuel-Louis-Marie de Guignard, vicomte de (1789—1881) französischer General und Diplomat; Deputierter der gesetzgebenden Nationalversammlung (1849—1851), Legitimist. 105

Sainte-Beuve, Pierre-Henri (1819—1855) französischer Fabrikant und Grundbesitzer; Anhänger des Freihandels; während der Zweiten Republik Deputierter der konstituierenden und der gesetzgebenden Nationalversammlung, Vertreter der Ordnungspartei. 110

Sallandrouze de Lamornaix, Charles-Jean (1808—1857) französischer Industrieller; Deputierter der konstituierenden Nationalversammlung (1848/1849); unterstützte den Staatsstreich vom 2. Dezember 1851. 121

Salvandy, Narcisse-Achille, comte de (1795—1856) französischer Staatsmann, Diplomat und Schriftsteller; Unterrichtsminister (1837/1838 und 1845—1848). 104

Say, Jean-Baptiste (1767—1832) französischer Ökonom, systematisierte und vulgarisierte die Lehre von Adam Smith; Begründer der Produktionsfaktorentheorie. 20

Schramm, Jean-Paul-Adam, comte de (1789—1884) französischer General und Politiker; Bonapartist; Kriegsminister (August 1850 bis Januar 1851). 84 91

Sismondi, Jean-Charles-Léonard Simonde de (1773—1842) Schweizer Ökonom und Historiker. 11

Soulouque, Faustin (etwa 1782—1867) Präsident der Republik Haiti

(1847—1849), proklamierte sich selbst zum Kaiser unter dem Namen Faustin I. (1849—1859). 141

St-Jean-d'Angély → *Regnault de Saint-Jean-d'Angély, Auguste, comte de*

Sue, Eugène (1804—1857) französischer Arzt und Schriftsteller, Verfasser sentimentaler Romane über soziale Themen; Deputierter der gesetzgebenden Nationalversammlung (1850/1851), nach dem Staatsstreich vom 2. Dezember 1851 aus Frankreich verbannt. 74

Thiers, Louis-Adolphe (1797—1877) französischer Historiker und Staatsmann; Ministerpräsident (1836 und 1840); 1848 Deputierter der konstituierenden Nationalversammlung, nach 1848 Führer der Orleanisten; Präsident der Dritten Republik (1871—1873), leitete die Niederschlagung der Pariser Kommune. 45 53 56 60 73 95 105—107 110 113 117 120 122

Thorigny, Pierre-François Leullion de (1798—1869) französischer Jurist; Bonapartist; Innenminister (Oktober bis Dezember 1851). 118 119

Tocqueville, Charles-Alexis Clérel de (1805—1859) französischer Historiker und Politiker; Anhänger der konstitutionellen Monarchie; während der Zweiten Republik Deputierter der konstituierenden und der gesetzgebenden Nationalversammlung, Legitimist; Außenminister (Juni bis Oktober 1849). 107

Vaïsse, Claude-Marius (1799—1864) französischer Politiker; Bonapartist; Innenminister (Januar bis April 1851). 97 98

Vatimesnil, Antoine-François-Henri Lefebvre de (1789—1860) französischer Politiker; Unterrichtsminister (1828—1830); Deputierter der gesetzgebenden Nationalversammlung (1849—1851), Legitimist. 98

Véron, Louis-Désiré (1798—1867) französischer Journalist und Politiker; bis 1848 Orleanist, danach Bonapartist; Besitzer und Herausgeber der Zeitung »Le Constitutionnel« (1844—1852). 141

Vidal, François (1814—1872) französischer Ökonom, kleinbürgerlicher Sozialist; Deputierter der gesetzgebenden Nationalversammlung (1850/1851). 73 74

Vieyra französischer Oberst, 1851 Chef des Generalstabs der Nationalgarde; Bonapartist, unterstützte den Staatsstreich vom 2. Dezember 1851. 61

Villèle, Joseph, comte de (1773—1854) französischer Staatsmann der Restaurationsperiode, Legitimist; Ministerpräsident (1822—1827). 106

Weydemeyer, Joseph (1818–1866) preußischer Offizier, Journalist; Mitglied des Bundes der Kommunisten, Teilnehmer der Revolution 1848/49; emigrierte 1851 in die USA, während des Amerikanischen Bürgerkrieges (1861–1865) Oberst in der Armee der Nordstaaten; legte den Grundstein für die Verbreitung des Marxismus in den USA; Freund von Marx und Engels. 9

Yon französischer Polizeikommissar, 1850 für den Schutz der gesetzgebenden Nationalversammlung verantwortlich. 82 87 88

Verzeichnis der literarischen und mythologischen Namen

Achilles in der griechischen Sage tapferster Held des Trojanischen Krieges, nur an der Ferse verwundbar. 35 37

Bacchus griechischer Gott des Weines und der Lebenskraft in der Natur. 83

Circe eine Zauberin in Homers Epos »Odyssee«, verwandelte die Gefährten des Odysseus in Schweine. 126
Crevel Gestalt aus dem Roman »La Cousine Bette« von Honoré de Balzac. 141

Damokles nach antiken Schriftstellern ein Günstling am Hofe des Tyrannen Dionysios von Syrakus; dieser ließ ihn zwar prunkvoll bewirten, hängte aber über seinem Kopf ein Schwert an einem Pferdehaar auf. 72
David Gestalt aus dem Alten Testament. 61

Eris griechische Göttin des Streites und der Zwietracht. 101

Habakuk Gestalt aus dem Alten Testament. 21

Jesus Christus. 24

Klaus Zettel Gestalt aus der Komödie »Ein Sommernachtstraum« von William Shakespeare. 81

Krapülinski Gestalt aus dem Gedicht »Zwei Ritter« von Heinrich Heine. 30

Moses Gestalt aus dem Alten Testament. 110

Paulus Gestalt aus dem Neuen Testament. 19

Peter Schlemihl Titelgestalt der Erzählung »Peter Schlemihls wundersame Geschichte« von Adelbert von Chamisso. 48

Pythia in der griechischen Sage weissagende Priesterin im Tempel des Apollon in Delphi. 30

Samuel Gestalt aus dem Alten Testament. 11 61

Schufterle Gestalt aus dem Drama »Die Räuber« von Friedrich von Schiller. 82

Spiegelberg Gestalt aus dem Drama »Die Räuber« von Friedrich von Schiller. 82

Thetis in der griechischen Sage eine Meernymphe; Mutter des Achilles. 37

Inhalt

Vorworte 5
1. Karl Marx · Vorwort [zur zweiten Ausgabe] 9
2. Friedrich Engels · Vorrede zur dritten Auflage 12

Der achtzehnte Brumaire des Louis Bonaparte 15
   I 19
   II 31
   III 46
   IV 65
   V 78
   VI 101
   VII 125

Register 143
Anmerkungen 145
Verzeichnis der Zeitschriften und Zeitungen 163
Personenverzeichnis 165
Verzeichnis der literarischen und mythologischen Namen 178

Abbildungen
Titelblatt der Zeitschrift »Die Revolution« 7
Titelblatt der zweiten Ausgabe mit einer Widmung des Autors
für César De Paepe 17